# Sei du selbst, dann liebt dich das Leben!

*Das kleine Buch zur Selbstfindung.*

GESUNDER GEIST

# INHALT

# Einleitung – Was bisher geschah!

*Sei du selbst, denn alle anderen gibt es schon!* In diesem populären Zitat von Oscar Wilde liegt sehr viel mehr Tiefe, als wir beim ersten Lesen wahrnehmen. Im ersten Teil erkennen wir eine direkte Aufforderung: Sei du selbst! Frag dich doch an dieser Stelle einmal ganz bewusst, wann du eigentlich wirklich du selbst bist. Bist du du selbst, wenn du mit anderen, dir weniger bekannten Menschen zusammen bist? Oder nur mit deinen engsten Freunden oder deiner Familie? Kannst du vielleicht nur du selbst sein, wenn du ganz alleine bist, oder hast du das Gefühl, dass du selbst dann nicht vollständig bei dir angekommen bist? Diese Fragen mit ihren möglichen Antworten und deren Folgen werden dir in diesem Buch begegnen. Du hältst es mit großer Wahrscheinlichkeit in den Händen, weil du Unstimmigkeiten entdeckst hast, die dich betreffen, weil du dich verstellst und gerne mehr du selbst sein würdest. Du wirst eine ganze Menge Möglichkeiten haben zu hinterfragen, wer du eigentlich bist, wie du mehr zu dir selber findest und was an dir eigentlich so besonders ist. Und damit kommen wir zum zweiten Teil des anfangs genannten Zitats – zu dem Teil, der dir deinen ganz eigenen und persönlichen Wert vermittelt: Alle anderen gibt es schon! Weitergeführt bedeutet das, dass jede Kopie, die du von anderen Menschen gerne sein würdest, langweilig ist. Denn dich – ja, genau dich – der oder die du gerade diese Einleitung liest, gibt es nur ein einziges Mal auf dieser Welt! Und diese Einzigartigkeit in dir zu erkennen, ist der wichtigste Schritt, den du tun kannst, um dir selber die Nachsichtigkeit und Großzügigkeit entgegenzubringen, die du allen anderen Menschen bereits zugestehst.

Anmerkung: Dieses Buch wird im Folgenden ausschließlich in der Form des männlichen Geschlechts geschrieben. Das soll andere Geschlechter in keinem Fall diskriminieren, sondern dient der einfacheren Lesbarkeit.

# Wie dieses Buch funktioniert

Bitte schmeiß an dieser Stelle nicht das Buch in die Ecke, weil du denkst, dass ich dich für unfähig halte, ein Buch zu lesen. Das ist selbstverständlich nicht der Fall. Aber dieses Buch wird ein wenig anders funktionieren als die Bücher, die du bisher gelesen hast. Zum Thema „Du selbst sein“ gibt es unwahrscheinlich viele Ansätze. Jeder davon hat seine Berechtigung und jeder davon kann dir helfen. Aber dennoch passen diese Ansätze unterschiedlich gut zu unterschiedlichen Menschen. Gerade, weil es darum geht, wie du mehr du selbst wirst, ist es wichtig, dass du genau die Ansätze findest, die zu dir passen und die du leben und verinnerlichen kannst. Hier dienen dir die vier Hauptkapitel als zukünftige Eckpfeiler deines Lebens. Aus diesem Grund sind sie völlig unabhängig voneinander geschrieben. Sie bauen nicht aufeinander auf, sodass du entscheiden kannst, welches Kapitel dich gerade am meisten anspricht. Lies dir die Überschriften im Inhaltsverzeichnis durch und erarbeite dir dann eines der vier Kapitel deiner Wahl.

Der Anfang jedes Hauptkapitels ist im Inhaltsverzeichnis fett gedruckt. In jedem einzelnen erhältst du eine ausführliche theoretische Einleitung zum entsprechenden Thema. Auf diesem Weg erlernst du sehr viel besser, warum die Thematik dir hilft, zu dir selbst zu finden. Nachfolgend stelle ich dir mehrere Übungen zur Verfügung, die dich im entsprechenden Bereich stärker machen und dich somit immer ein Stückchen weiter dem Ziel entgegenbringen, mehr du selbst zu sein. Und auf der letzten Seite des jeweiligen Kapitels hast du dann die Möglichkeit, deine Aha-Erlebnisse in kurzen Stichpunkten zu notieren. Schreibe gerne nieder, inwiefern die Übungen dir geholfen haben, dir ein wenig näherzukommen. Diese Form der Verschriftlichung hilft deinem Unterbewusstsein, das Erlernte zu vertiefen und noch besser abzuspeichern. Weiterhin erhältst du mit deinen selbst formulierten Aufzeichnungen deiner Erfolge ein individuelles Werk, durch das du immer wieder blättern und dich an deine ersten Schritte erinnern kannst.

Ich wünsche dir ganz viel Spaß beim Suchen und Finden deines eigenen Selbst!

# Authentizität

Authentizität – ein Wort, welches so schwer auszusprechen ist und ebenso schwer umzusetzen. Es bildet einen elementaren Teil dessen, du selbst zu werden. Denn hiermit ist gemeint, „echt" zu sein. Natürlich bist du bereits echt, schließlich bist du ein Mensch aus Fleisch und Blut, jedoch beschreibt Authentizität die eigene Glaubhaftigkeit, die du gegenüber Außenstehenden ausstrahlst. Stellen wir uns einmal vor, du kommst aus einem Grund völlig genervt bei einem guten Freund an. Er fragt dich, wie es dir geht, und spürt dabei bereits die negativen Schwingungen, die du mitbringst. Deine Antwort: „Prima. Und dir so?", mit einem aufgesetzten Lächeln, das deine Augen nicht bestätigen, könnte nicht unechter wirken. Wenn du, wie in diesem Beispiel beschrieben, noch nicht bereit bist zu reden, wäre es sehr viel authentischer, etwa zu sagen: „Ist gerade kein gutes Thema. Darüber möchte ich im Moment nicht sprechen!" Auf diese Weise machst du klar, dass du noch Zeit für dich selbst brauchst, bleibst aber trotzdem ehrlich und echt dabei. Generell lässt sich beobachten, dass Menschen umso mehr Anerkennung bekommen, je echter sie sich vor ihren Mitmenschen geben. Das kannst du ganz einfach nachprüfen. Frage dich etwa: Wem würdest du selbst mehr Vertrauen schenken? Wen würdest du mehr achten? Und: Wenn du einen Menschen wählen könntest, dem du eine Führungsposition zutraust, wer wäre das? Derjenige, der dich anlächelt, dir sagt, dass du die Aufgaben nach deinen Möglichkeiten sehr gut erledigt hast, bei welchem du aber dennoch das Gefühl hast, dass er im Kopf bereits die Kündigung getippt hat? Oder wäre es doch eher der Chef, der dir mitteilt, dass das, was du abgeliefert hast, verbesserungswürdig ist, der dir Tipps gibt, an welcher Stelle du noch einmal ansetzen kannst, und dir anschließend seine Hilfe anbietet, wenn du sie benötigen solltest? Dieser Chef, der dir im anderen Fall jedoch genauso ehrlich sagen würde, dass deine Arbeit großartig war, du stolz auf dich sein kannst und die Firma sich glücklich schätzen kann, dich zu haben.

Jetzt denkst du vielleicht: „Prima, einfach nicht mehr lügen und dann bin ich authentisch.“ Das ist leider auf zwei Arten nicht ganz treffend. Zum einen lügen wir alle gleich mehrmals täglich. Eine glaubhafte Zahl, die die Häufigkeit unserer täglichen Lügen feststellt, gibt es zwar nicht, jedoch lassen sich Anhaltspunkte dafür nennen, wann wir besonders oft lügen. Dazu können zum Beispiel Umstände gehören, in denen wir keine Zeit hatten, uns Gedanken über die Folgen mancher unserer Handlungen zu machen, ebenso wie die Tatsache, dass Menschen vermehrt lügen, die unter Druck stehen. Das Lügen – nennen wir es an dieser Stelle einmal „Flunkern“ – komplett einzustellen, ist schlichtweg nicht lebenspraktisch. Aus welchem Grund sollte ich einem Ehepaar, das sein Baby, wie alle anderen Eltern auch, als das schönste der Welt betrachtet, die Freude nehmen und sagen, dass ich das anders sehe? Du merkst, dass die Situation komplizierter ist als gedacht. Zum „Authentischsein“ gehört mehr, als einfach Flunkereien zu unterlassen. Und damit komme ich zum zweiten Punkt. Echt zu sein, bedeutet, ehrlich zu sein und dass die unterschiedlichen Ebenen in dir, wie deine Gefühle und Gedanken, zum Ausdruck gebracht werden. Damit spielst du selbst, mit deinen eigenen Bedürfnissen, die wichtigste Rolle, um zu mehr Authentizität zu gelangen. Es geht also hauptsächlich darum, dass du ehrlich zum Ausdruck bringst, wie es dir in der jeweilig erlebten Situation in Bezug auf dein Gegenüber geht. Du vermittelst mit deinen Botschaften gleich mehrere Dinge.

1. Um welche Situation geht es?

2. Welche Gefühle habe ich in dieser Situation und wie steht diese in Zusammenhang mit meinen Bedürfnissen?

3. Welche Veränderungen wünsche ich mir beziehungsweise was soll unverändert bleiben?

Auf diesem Weg hast du die Chance, Missverständnisse zu vermeiden, die in deinen Bedürfnissen begründet sind. Dazu ist natürlich zwingend nötig, dass du dir über deine eigenen Bedürfnisse im Klaren bist und diese dann auch vertrittst. Lass es mich noch an einem weiteren Beispiel verdeutlichen. Ich nehme einmal an, dass es irgendeine Zutat gibt, die du absolut nicht magst. Du hast sie noch nie gemocht und wirst sie auch nie mögen. Wenn sich bei einem Restaurantbesuch diese Zutat in deinem Essen befindet, wirst du wahrscheinlich keine Scheu haben, sie dezent an den Tellerrand zu schieben oder aber sogar das Gericht zurückgehen zu lassen, mit der Begründung, dass du es nicht gewählt hättest, wenn diese Zutat auf der Karte gestanden hätte. In diesem Moment bist du völlig authentisch. Du nimmst wahr, dass dein Bedürfnis darin liegt, diese Zutat nicht zu essen, schlicht und einfach, weil du sie nicht magst. Aber wie sieht es aus, wenn jemand für dich gekocht hat? Ein aufwändiges Gericht, welches sicher Zeit und Mühe gekostet hat und extra für dich zubereitet wurde? Stelle dir die Situation einmal vor und stelle dir die Frage, wie du reagieren würdest, wenn es zubereitet wurde von:

… demjenigen, mit dem du dich gerade bei einem ersten Date triffst.

… deinem besten Freund.

… deinem Chef, der auf ein Firmenessen eingeladen und ausnahmsweise selbst gekocht hat.

… einem Nachbarn, der dir sein eigens kreiertes, neuestes Rezept vorstellen möchte.

Hat es für dich Unterschiede gegeben bei der jeweiligen Antwort zu der Frage ob und, wenn ja, wie du vermittelt hättest, dass du Schwierigkeiten hast, dieses Gericht zu essen, weil die entsprechende Zutat Bestandteil ist? Lass mich an dieser Stelle noch einmal deutlich machen, wo hier genau die Authentizität greift. Die Form, WIE du vermittelst, dass du die Zutat nicht hinunterbekommst, kann grundsätzlich variieren in Bezug darauf, in welchem Verhältnis du zu der entsprechenden Person stehst. Natürlich kannst du lachend zu deinem besten Freund sagen: „Du weißt doch, dass ich kein … mag. Ich schieb das mal zur Seite. Kannst du dir nehmen, wenn du möchtest. Aber der Rest schmeckt super!“ Bei dem Chef oder beim ersten Date könnte sich eher eignen: „Ich kann leider … nicht essen. Das mochte ich als Kind schon nicht und das ist bis heute so geblieben. Nimm es mir nicht übel, wenn ich es beiseiteschiebe. Der Rest ist sehr lecker!“ Die Frage aber, OB du es vermittelst, sollte nicht zur Debatte stehen. Natürlich neigen wir aus Höflichkeit dazu, nicht zu sagen, wenn es uns nicht schmeckt, auch und gerade, weil wir niemanden verletzen möchten. Dennoch gilt: Deine Bedürfnisse stehen an erster Stelle.

Du solltest immer versuchen, sie zu erkennen und Kompromisse zu finden, die die aktuelle Lage mit deinen Bedürfnissen harmonisch vereinen. Und dieses gilt es dann zu kommunizieren. Im Folgenden erhältst Übungen, die dir helfen, deine Bedürfnisse zu erkennen und zu hinterfragen. Du erlernst Techniken, wie du diese kommunizieren kannst, ohne andere Menschen vor den Kopf zu stoßen. Es ist durchaus möglich, dass dir gerade die Techniken zur Kommunikation erst einmal merkwürdig vorkommen, weil sie dir neu sind. Wenn du diese Techniken allerdings verinnerlichst und sie dir zu eigen gemacht hast, wirst du bemerken, dass du eine sehr viel größere Möglichkeit hast, authentisch zu sein, da du dir viel weniger Gedanken darum machen musst, andere nicht zu verletzen. Auf diesem Wege wirst du es schaffen, deine Bedürfnisse viel öfter zu vertreten und du bist damit schon ein ganzes Stück näher daran, du selbst zu sein.

# DIE EIGENEN BEDÜRFNISSE ERKENNEN

Um deine Bedürfnisse zu formulieren, musst du sie zunächst erkennen. Das fällt uns häufig jedoch gar nicht so leicht. In einer hauptsächlich am Erfolg orientierten Welt haben wir eher gelernt, sie zu unterdrücken oder zurückzustellen, um voranzukommen. Nehmen wir einmal das Beispiel der sogenannten „Maslowschen Bedürfnispyramide“. Nach dieser Theorie können wir die Spitze der Pyramide erst dann erreichen, wenn die darunterliegende Basis an Bedürfnissen erfüllt ist. Hier siehst du eine Darstellung der Pyramide nach Maslow:

Zum besseren Verständnis erhältst du eine kurze Einführung in das Thema. Die physiologischen Bedürfnisse stellen nach Maslow alle diejenigen dar, die unser Überleben sichern (Schlaf, Nahrung, Atmung). Zu den Sicherheitsbedürfnissen gehören Dinge wie Geborgenheit und Schutz, z. B. ein Zuhause und ein gesicherter Arbeitsplatz. In Bezug auf die sozialen Bedürfnisse ist ein Zugehörigkeitsgefühl gemeint. Das kann sich sowohl auf Freundschaft als auch auf Liebe beziehen. Ein Individualbedürfnis beschreibt den Wunsch, groß, angesehen und erfolgreich zu sein und Macht zu haben. Und schließlich folgt das Bedürfnis nach Selbstverwirklichung. Dieses beschreibt im Grunde genommen den Punkt, an dem du aktuell stehst. Du möchtest du selbst sein, dich zeigen, wie du bist, und dein Potential entdecken und ausschöpfen. Damit befindest du dich zumindest laut Maslow in einem Luxusproblem. Ich erwähne an dieser Stelle, dass Maslow für diese vereinfachte Darstellung oft kritisiert wird. Er sagt, dass wir uns immer nur dann auf die nächsthöhergelegene Ebene konzentrieren können, wenn die jetzige abgeschlossen ist. Damit hat er jedoch nur zum Teil Recht. Wie bereits erwähnt, haben wir mehr oder weniger erfolgreich gelernt, unsere Bedürfnisse zurückzustellen. Ich mache das einmal anhand der unteren Ebene deutlich. Natürlich hat Maslow Recht, wenn er sagt, dass ich mir weder um die Ebene der Sicherheit (beruflich und materiell) noch um irgendeine höher gelegene Ebene Gedanken machen werde, wenn ich gerade keinen Sauerstoff bekomme. Aber ein Hungergefühl - selbst ein starkes - kann ich unterdrücken und mich trotzdem nach Befriedigung der höher gelegenen Bedürfnisse sehnen. Weiterhin kennst bestimmt auch du mindestens einen Menschen, der scheinbar unter Volldampf und mit minimalen Ansprüchen auf Schlaf fähig ist, die höheren Bedürfnisebenen zu erfüllen. Somit betrachte auch ich diese Pyramide kritisch. Aber dennoch musst du dir eingestehen, dass die oberste Ebene – das Bedürfnis nach Selbstverwirklichung, was mit Selbstfindung unmittelbar einhergeht und dein aktuelles Bedürfnis darstellt – ausschließlich dann erfolgreich umgesetzt werden kann, wenn du die darunter liegenden Bedürfnisse erkannt hast. Wenn du nicht erkennst, dass du gekränkt bist, hast du keine Chance, diese Kränkung auszudrücken. Dementsprechend wirst du „eine Maske aufsetzen“. Damit bist du wiederum ausgesprochen weit weg davon, authentisch zu sein und zu dir selbst zu finden. Im Bezug auf deine jetzige Situation trifft die beschriebene Pyramide somit vollständig zu. Aus diesem Grund habe ich dir zwei Achtsamkeitsübungen zusammengestellt.

Vorsicht: Menschen mit psychischen Vorerkrankungen können empfindlich auf Achtsamkeitsübungen reagieren, die eigene Empfindungen betreffen. Solltest du also zu dieser Risikogruppe gehören oder dir nicht sicher sein, dann frag vorher unbedingt deinen Therapeuten, ob die Übung für dich ratsam ist. Solltest du keinen Therapeuten oder behandelnden Arzt an deiner Seite haben, dann führe die folgenden beiden Übungen bitte nicht durch.

### Zum inneren Beobachter werden

Diese Übung stellt die Sicht eines äußeren Betrachters auf dich selber dar. Damit hilft sie dir, bewusst Abstand zu nehmen und dich mit anderen Augen wahrzunehmen. Viele Menschen haben am Anfang Probleme mit der Wahrnehmung der eigenen Persönlichkeit. Deshalb bildet diese Übung einen Übergang dahin, die eigenen Bedürfnisse besser erspüren zu können. Sie verschafft dir damit die Möglichkeit, sehr viel neutraler mit dir umzugehen, und das ist die Basis dafür, zu dir selbst zurückzufinden. Für diese Übung solltest du frei im Raum auf einem Stuhl sitzen, sodass du von allen Seiten für einen Außenstehenden zu betrachten wärst. Mit geschlossenen Augen beginnst du, dich auf dich und deinen Atem zu konzentrieren. Versuche dabei ganz gezielt, aber ohne Druck, deine Atmung zu lenken. Lass die Schultern dabei gesenkt und den Brustkorb entspannt. Bei einer tiefen, entspannten Atmung wölbt sich der Bauch nach außen. Um das besser zu spüren, kannst du auch gerne eine Hand auf deinen Bauch legen. Spüre, wie die Atemluft in dich hinein- und wieder aus dir herausströmt, völlig ohne Druck. Führe diesen Vorgang so lange durch, bis du dich völlig entspannt fühlst. Anschließend wechselst du deine Position. In Wirklichkeit bleibst du zwar sitzen, aber gedanklich stehst du nun hinter dem Stuhl, sodass du die Möglichkeit hast, dich zu beobachten, wie du auf dem Stuhl sitzt. Schaue dir deine Rückseite genau an, deine Sitzposition, deine tiefe Atmung, deine Haare und Kleidung.

Nimm dabei alles wahr, angefangen bei den Füßen bis zur letzten Haarspitze. Wenn du alles wahrgenommen hast, kommst du gedanklich wieder in deinen Körper zurück, sodass du nun wieder vollständig auf dem Stuhl sitzt. Nimm noch einige tiefe Atemzüge, bevor du in den Raum und das Jetzt zurückkehrst. Überlege dir noch einmal genau, was du gesehen hast. Hat das entstandene Bild eher das Gefühl von „Aufgeräumtheit“ vermittelt oder von „Zerstreutheit“? Wirkte die Person auf dem Stuhl verloren oder standhaft? Was hast du wahrgenommen und welche Bedürfnisse haben sich hinter dieser Wahrnehmung versteckt?

Diese Übung solltest du regelmäßig trainieren; ein- bis zweimal die Woche ist dabei ein guter Ansatz. So kommst du zu der Fähigkeit, auch im Alltag sehr viel schneller Abstand zur Situation zu finden und deine eigenen Emotionen für kurze Zeit abzustellen, damit du schneller und effizienter an das darunterliegende Bedürfnis kommst. Manchmal überdecken unsere Emotionen unsere Bedürfnisse nämlich so stark, dass ein wenig Abstand die effektivste Methode ist, um die Bedürfnisse herausfinden zu können.

**Ich als mein eigener Betrachter**

Nachdem du in der vorangegangenen Übung gelernt hast, mit Abstand auf deine Bedürfnisse zu schauen, folgt nun eine Erweiterung der Übung. Diesmal erspürst du mit deinem eigenen Selbst – und nicht als Beobachter – deine Gefühle und Bedürfnisse. Da diese Übung eine entspannende Wirkung hat, eignet sie sich hervorragend am Morgen direkt nach dem Aufwachen. Mit diesem entspannten Gefühl hast du gleich einen deutlich besseren Start in den Tag, was sich häufig sehr positiv auf den weiteren Verlauf des Tages auswirkt und dich in einer kompromissbereiten Sichtweise dir selbst gegenüber bestärkt.Sobald du wach wirst, schau dir einen bestimmten Gegenstand im Zimmer ganz genau an. Das kann im Liegen auf dem Rücken zum Beispiel die Decke über dir sein, beim Liegen auf der Seite die Wand, Bilder oder Gegenstände in deinem Zimmer. Wie sieht das Gesehene genau aus? Wie würdest du die Farben und Muster beschreiben, die du siehst? Nimm dir für diesen Einstieg zirka drei Minuten Zeit und sei in deiner Formulierung ganz genau (z. B. „zartgelb“, statt „gelb“ oder „unruhiges, wellenartiges Muster“ statt „Wellen“). Anschließend löse dich vom Gesehenen und setze dich aufrecht hin. Lass gern die Beine dabei baumeln. Auch jetzt konzentrierst du dich wieder auf deine Atmung. Da du meistens morgens bereits eine tiefe, natürliche Atmung hast, verändere sie nicht, sondern spür einfach deine tiefen, angenehmen Atemzüge. Stelle dir dabei vor, wie der Sauerstoff dich mit Energie für den Tag versorgt. Nun schenke deinem Körper deine volle Aufmerksamkeit. Wie fühlt er sich an? Welche Stellen sind entspannt, welche angespannt? Gibt es schmerzende oder taube Stellen an deinem Körper? Wo ist die Auflagefläche einzelner Körperstellen auf dem Bett oder dem Fußboden? Wenn du jeder Stelle deines Körpers nachgespürt hast, lenke deine Aufmerksamkeit auf die Gefühle, die du gerade in dir trägst. Hast du das Gefühl, dass es ein entspannter Tag werden wird, oder bist du bereits jetzt angespannt? Fühlst du dich erholt oder hat es dir eindeutig an Schlaf gemangelt? Nimm diese Gefühle wahr, ohne sie zu bewerten. Wenn du das Gefühl hast, alles erspürt zu haben, was sich momentan in dir tut, komm langsam wieder in das Jetzt zurück. Atme noch einige Male tief ein und aus und nimm die Entspannung, die dir diese Übung gebracht hat, mit in den kommenden Tag. Auch mit dieser Übung wirst du langfristig in der Lage sein, im Alltag sehr viel schneller Zugang zu deinen Bedürfnissen und Emotionen zu finden. Damit hast du einen wichtigen Schritt in die Richtung getan, sorgsamer mit dir und deinen Gefühlen umzugehen. Das Bedürfnis, dich selber zu schützen und damit die Motivation, authentischer zu werden, wird nach und nach immer stärker wachsen. Die Fähigkeit, deine Bedürfnisse und Gefühle zu kommunizieren, ist damit natürlich noch nicht gegeben, aber der Grundstein dafür ist bereits gelegt. Im nächsten Kapitel erlernst du die Techniken, um deine nun besser wahrgenommenen Emotionen zum Ausdruck zu bringen.

## DIE BEDÜRFNISSE KOMMUNIZIEREN

Ich möchte dir an dieser Stelle einen Einblick geben in das sogenannte „Johari-Fenster“, das aus der Kommunikationsforschung stammt. Es wurde 1995 von Joseph Luft und Harrington Ingham entwickelt und stellt die Verbindung her zwischen der Frage, wie du dich wahrnimmst, wie andere dich wahrnehmen und wie eine gute Kommunikation dabei helfen kann, dass diese beiden Bilder weitestgehend miteinander übereinstimmen. Das Johari-Fenster wird wie folgt dargestellt:

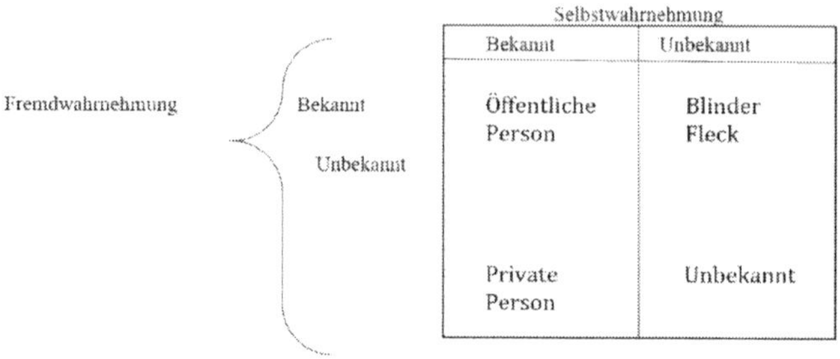


Im Bereich der Selbstwahrnehmung ist aufgeschlüsselt, was ich über mich selbst weiß, im Bereich der Fremdwahrnehmung das, was andere über mich wissen. Schauen wir uns also zuerst einmal das Feld an, in dem „Unbekannt“ steht. Dabei handelt es sich um das Feld, das vollkommen verborgen im Unterbewusstsein liegt. Diesen Bereich kannst du vernachlässigen, denn jeder Mensch trägt Elemente in sich, die nicht ins Bewusstsein gelangen, das Leben im Normalfall aber auch nicht beeinflussen und deshalb auch für andere nicht wahrnehmbar sind. Die anderen drei Bereiche sind jedoch von elementarer Wichtigkeit, um authentischer zu werden. Die „private Person“ bist du dann, wenn du etwas über dich selber weißt, es aber anderen bewusst nicht preisgibst (z. B.: „Ich lasse mir nicht anmerken, dass…“). Der „blinde Fleck“ kommt dann zum Tragen, wenn andere eine Auffälligkeit an deinem Verhalten bemerken, die dir selber jedoch gar nicht bewusst ist (z. B.: „Ich weiß, dass er aufgeregt ist, weil er schon wieder mit dem Bein zappelt“). Und die „öffentliche Person“ ist das, was du ganz bewusst nach außen trägst und aufgrund unterschiedlicher Faktoren preisgibst (z. B. zur Selbstdarstellung oder auf rein kommunikativer Ebene im Gespräch). Jeder trägt diese vier Elemente in sich. Dabei sind die einzelnen Fenster bei jeder Person unterschiedlich stark ausgeprägt. Es ist sogar so, dass die vier Fenster sich immer der Situation entsprechend anpassen. Bist du bei deinem besten Freund, vergrößert sich automatisch der Bereich der „öffentlichen Person“ im Verhältnis zu den anderen Bereichen (lediglich der unterbewusste Teil bleibt natürlich gleich groß, weil du auf ihn keinen Zugriff hast). Natürlich ist es auch gut, dass du diese Bereiche der Situation entsprechend anpasst, denn dein Chef wird sicherlich nicht deine größten Geheimnisse wissen wollen. Dennoch ist es erstrebenswert, den Bereich der „öffentlichen Person“ zu vergrößern und die „Privatperson“ sowie den „blinden Fleck“ zu verkleinern, um so authentisch wie möglich zu sein:

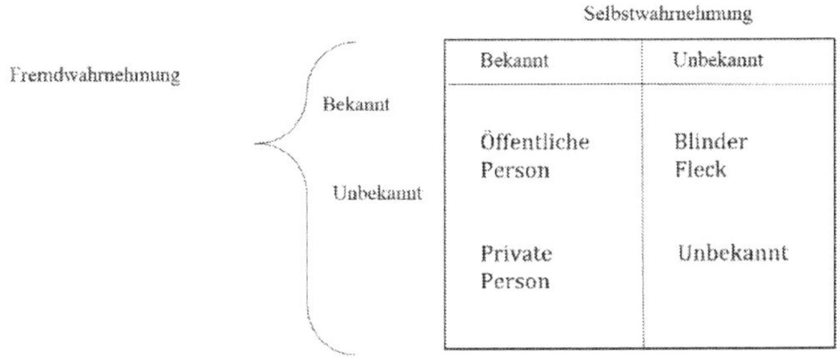

Es geht also kommunikativ auf der einen Seite darum, wie eingangs beschrieben, deine Bedürfnisse preiszugeben und mit Bezug auf sie eine Bewertung der aktuellen Situation abzugeben. Auch eine Kompromissfindung, damit Situation und Bedürfnisse sich aneinander anpassen können, ist wichtig. In diesem Fall minimierst du die „private Person" in dir. Weiterhin solltest du aber auch den Wunsch vermitteln, dass du den „blinden Fleck" verkleinern möchtest. Dabei ist natürlich die Mithilfe deines jeweiligen Gegenübers gefragt, da er für dich eben nicht zugänglich ist. Du wirst aber mit großer Wahrscheinlichkeit merken, dass sich dein Gegenüber sehr schnell anpassen wird, wenn du bereit bist, mehr über dich preiszugeben, und er damit die Stimmigkeit in dir erkennt.

**Ich-Botschaften vor allem in Bezug auf kritische Hintergründe**

Natürlich solltest du nicht einfach den Bereich der „öffentlichen Person" vergrößern, indem du sagst, dass alles furchtbar sei und du doch eigentlich etwas ganz anderes gewollt hättest. Auf diese Art kommen wir nur äußerst selten weiter, da dieses Vorgehen schnell in den Bereich des Egoismus und der Unprofessionalität abzurutschen droht. Nun stellt sich natürlich die Frage danach, wie du öffentlicher mit dir und deinen Gefühlen sowie Bedürfnissen umgehst, ohne aber die Gefühle anderer zu verletzen. In diesem Fall eignen sich die sogenannten Ich-Botschaften hervorragend. Wie du bereits gelesen hast, werden sie dir anfangs wahrscheinlich merkwürdig vorkommen, da du es nicht gewohnt bist, auf diese Weise an eine Kritik heranzugehen. Behalte dabei aber im Auge, dass du dich schnell daran gewöhnen wirst, weil dir Ich-Botschaften ganz neue Möglichkeiten geben, dich und deine Gefühle besser auszudrücken, ohne andere zu kritisieren. Auf diesem Weg kannst du Ehrlichkeit und Echtheit – also Authentizität – auch in kritischen Situationen leben und damit ein ganzes Stück mehr du selbst sein. Mit der Zeit wird es dir immer leichter fallen, Ich-Botschaften anzuwenden. Du wirst sie verinnerlichen, sofern du kontinuierlich dranbleibst. Eine Ich-Botschaft läuft auf vier unterschiedlichen Ebenen ab.

1. Die Situation sachlich darstellen.

2. Deine eigenen Gefühle bezüglich der Situation formulieren.

3. Deine eigenen Bedürfnisse ergänzen.

4. Einen konkreten Wunsch formulieren.

Ich stelle im Folgenden zwei Sätze gegenüber. Der erste ist eine offene Kritik mit Vorwurf, der zweite dieselbe Situation als Ich-Botschaft formuliert. Sicherlich wirst du den Unterschied sofort erkennen. Streiche gerne einmal durch, bei welcher der beiden Möglichkeiten du dich eher angegriffen fühlst. Wo hast du das Gefühl, dich verteidigen zu müssen und stellst auf „Durchzug“, und bei welcher Möglichkeit siehst du mehr Freiraum für das konstruktive Gespräch? Kreise diese gerne rot ein.

1. Du bist wie immer zu spät und hast mich hängen gelassen. Du kannst deinen Kram bald alleine machen, wenn du nicht langsam pünktlich kommst!

2. Du bist zum dritten Mal zu spät gekommen. Das macht mich echt ärgerlich. Ich bekomme das hier ohne deine Hilfe nicht hin, deshalb wäre es schön, wenn du beim nächsten Mal pünktlich wärst und wir gemeinsam starten könnten.

An dieser Stelle hoffe ich natürlich, dass du den zweiten Satz mit der Ich-Botschaft eingekreist hast. Denn im direkten Vergleich fühlen sich die allermeisten Menschen von der ersten Formulierung angegriffen, weil sich einige diesbezüglicher Merkmale darin finden. Ein Vorwurf ist in der Begrifflichkeit „mich hängenlassen“ enthalten, eine Androhung in dem Satz „Du kannst deinen Kram bald alleine machen“, eine Forderung bei „[du musst] langsam mal pünktlich kommen.“ Eine zusätzliche Floskel, in der grundsätzlich das Negative mitschwingt, ist „wie immer“ (Weitere Beispiele sind: „nie“, „ständig“, „andauernd“ usw.). In der zweiten Option steckt – der Ich-Botschaft entsprechend – keiner der gerade genannten Aspekte. Die Situation ist klar und sachlich geschildert („Du bist zum dritten Mal zu spät gekommen“). Daran kann dein Gegenüber nicht rütteln, denn das ist nun einmal die Tatsache. Anschließend benennst du deine eigenen Gefühle („Das macht mich echt ärgerlich“); auch hier greifst du deinen Gesprächspartner nicht an, sondern sagst ihm lediglich, wie es dir in der Situation geht. Der dritte Teil bildet deine Bedürfnislage („Ich bekomme das hier ohne deine Hilfe nicht hin“): du offenbarst dich dem Menschen, mit dem du sprichst. Du zeigst, dass du seine Hilfe brauchst, und klärst ihn darüber auf, dass du nicht perfekt bist. Und der vierte Teil ist der von dir formulierte Wunsch („Deshalb wäre es schön, wenn du beim nächsten Mal pünktlich wärst und wir gemeinsam starten könnten“). Das ist ganz klar ein Wunsch und keine Forderung!

Der Unterschied liegt darin, dass dein Gegenüber die Chance hat zu entscheiden, ob er dir diesen Wunsch erfüllen möchte oder nicht. Bei einer Forderung hingegen entsteht ein solcher Druck, dass er den Konfliktpartner oft direkt verschreckt und damit eine nicht zielführende Situation auslöst.
Wie fühlst du dich mit den Ich-Botschaften? Hast du das Gefühl, dass sie dir dabei helfen können, Kritik offener und selbstbewusster zu äußern? Mit dieser Formulierung kannst du sowohl deinem besten Freund als auch deinem Chef entgegentreten, denn sie ist respektvoll und dennoch ehrlich.

Stelle dir doch einmal vor, dein Chef hätte einen Termin zum dritten Mal verschwitzt und du hättest umsonst gewartet. Wenn er dann anruft und sagt: „Es tut mir leid, aber Sie werden doch sicher verstehen, dass ich sehr beschäftigt bin,“ dann hast du nun die Möglichkeit, deinen Stolz und deine Gefühle herunterzuschlucken und zu sagen: „Natürlich, wir machen einfach einen neuen Termin aus.“ Das würde sich sicher nicht mit deinen Empfindungen decken, und damit bist du weit davon entfernt, du selbst zu sein. Natürlich kannst du auch sagen: „Ne, das verstehe ich nicht. Nochmal warte ich nicht auf Sie!

Entweder Sie sind zum Termin da oder ich ziehe das Ding alleine durch.“ Das wäre zwar ehrlich, aber je nachdem, wie das Verhältnis zu deinem Chef ist, könnte es durchaus negative Konsequenzen nach sich ziehen. „Ich habe heute das dritte Mal auf Sie gewartet, was ärgerlich war. Ich bin gerne produktiv, und die Zeit, in der ich gewartet habe, ist mir heute verloren gegangen. Ich würde mich freuen, wenn es das nächste Mal wirklich zu unserem Gespräch kommt, damit ich in meiner Arbeit vorankomme.“ Gegen dieses Argument kann dein Chef unmöglich etwas einzuwenden haben, denn es ist natürlich auch in seinem Sinne, dass du die Zeit, die du auf der Arbeit verbringst, nicht vergeudest.

Ob dein Gegenüber mit diesem Ansatz umgehen kann, ist natürlich eine ganz andere Frage. Dennoch ist es die effektivste Möglichkeit, authentisch zu sein, aber eben nicht respektlos. Ich gebe dir jetzt drei kurze Situationen an die Hand. Versuche doch einmal, bei „Meine Erkenntnisse des Kapitels Authentizität" dazu passende Ich-Botschaften zu verschriftlichen. Eine Möglichkeit, wie diese lauten können, kannst du nach den Beispielen in den Klammern sehen. Versuche aber gerne erst einmal selber zu formulieren. Denn nur dann ist diese Übung effektiv.

1. Situation eins:
   Dein bester Freund hat ein Geheimnis von dir einem Dritten weitererzählt.

2. Situation zwei:
   Dein Nachbar hat sich bei einem weiteren Nachbarn darüber lustig gemacht, dass du jeden Sommer wieder die Tomaten in deinem Garten eingehen lässt.

3. Situation drei:
   Dein Chef hat für ein Projekt, das du bearbeitet hast, das Lob kassiert. Dieses hat er dir nicht weitergetragen. Du hast es lediglich von einer Kollegin erfahren.

(Ich-Botschaften angepasst auf die beschriebene Situation, gerade in Hinblick auf den jeweiligen Gesprächspartner:

1. Du hast etwas weitererzählt, was ich dir unter uns anvertraut hatte (sachliche Wiedergabe der Situation). Das hat mich extrem enttäuscht (Gefühlslage)! Ich möchte dir vertrauen können (Bedürfnis) und das kann ich jetzt gerade nicht mehr. Wenn ich dir noch einmal etwas anvertraue, wünsche ich mir wirklich, dass du das für dich behältst (ausformulierter Wunsch)!

2. Ich habe gehört, dass du darüber gelacht hast, dass ich mit den Tomaten nicht zurechtkomme (sachliche Wiedergabe der Situation). Das ist mir ziemlich peinlich (Gefühlslage). Ich würde es selber gerne mal bis zur Ernte schaffen (Bedürfnis). Deshalb wäre es schön, wenn du dich nicht darüber lustig machen würdest (ausformulierter Wunsch).

3. Ich habe gehört, dass Sie gerade das Lob für meine Arbeit angenommen haben (sachliche Wiedergabe der Situation). Das ist ziemlich frustrierend, weil ich eine Menge Mühe und Zeit in das Projekt investiert habe (Gefühlslage). Ich würde mich auch über Lob freuen, wenn meine Arbeit gut ankommt (Bedürfnis). Es ist mir wichtig, dass Sie beim nächsten Mal das Lob auch an mich weiterleiten (ausformulierter Wunsch).)

**Tipp:** Je nach Intensität der erfahrenen Verletzung können deine Gefühle sehr stark ausgeprägt sein. Es ist möglich - und vollkommen menschlich - dass dir manchmal gar nicht der Sinn nach Klärung steht, sondern vielmehr nach unmittelbarem Ausdruck deiner Gefühle. Trete in dieser Gefühlslage am besten niemals direkt an deinen Konfliktpartner heran. Mach dir erst einmal Gedanken darüber, mit wem du im Konflikt bist und was auf dem Spiel steht. Ist es eine enge Freundschaft, die möglicherweise zu Bruch gehen könnte, dir aber eigentlich am Herzen liegt? Ist es ein Familienmitglied, mit dem du dich streitest? Oder handelt es sich um deinen Chef, weshalb dein Job möglicherweise bei Fehlverhalten gefährdet sein könnte? Du musst an dieser Stelle abwägen, ob dir die Beziehung oder die von dem Streit abhängige Situation wichtig ist und ob du dennoch das Gefühl hast, einmal „explodieren" zu müssen - unabhängig von den möglichen Konsequenzen. Ein Psychologe oder ein Streitschlichter würde dir vermutlich empfehlen, grundsätzlich erst einmal zur Ruhe zu kommen und dich „runterzufahren", bevor du dann Konflikte löst. Auf konstruktiver Ebene ist das ohne Frage der richtige Weg, aber eben nicht immer auch authentischer. Manchmal sind wir so enttäuscht oder verärgert, dass dieses Gefühl raus muss. Und wenn du in einer solchen Situation bist, dann ist auch dieser Weg authentisch. Mach dir aber bewusst, was dabei auf dem Spiel steht.

**Das richtige Lob**

Dieses Kapitel ist sehr viel kürzer als das Vorangegangene. Das hat den einfachen Grund, weil es eigentlich bereits in sich für alle logisch ist. Wie fühlst du dich, wenn dich jemand lobt? Ja, manchen ist eine solche Situation ein wenig unangenehm, weil sie nicht genau wissen, wie sie damit umgehen sollen. Vielleicht gehörst auch du zu diesen Menschen. Aber dennoch - spätestens im Nachhinein ist ein offenes Lob eine Form der Wertschätzung, die ungemein stolz macht und jedem Einzelnen zu mehr Selbstvertrauen verhilft. Erstaunlicherweise fällt es vielen Menschen dennoch schwer zu loben. Aber was ist denn schöner als dem Gegenüber mitzuteilen, dass etwas richtig gut gelaufen ist, er stolz auf sich sein kann, und sich dann gemeinsam zu freuen? Das ist doch eigentlich ein wirklich schönes Gefühl. Und nebenbei ist es auch wichtig für deine Authentizität. Denn es ist sehr unehrlich, wenn du spürst, dass etwas lobenswert ist, das Lob aber aus dir unerklärlichen Gründen nicht hervorbringst.

Damit genug zur Erklärung, warum wir Lob brauchen und geben sollten. Kommen wir zur Art des Lobens, damit es dir in Zukunft etwas leichter fällt (falls du Schwierigkeiten damit haben solltest).

1. Ein Lob ist nur dann ein Lob, wenn es der Situation und der Person angemessen ist. Zur Verdeutlichung ein kurzes, übertriebenes, aber dennoch einleuchtendes Beispiel: Wenn du zu einem Vierjährigen sagst, dass er sich toll die Schuhe gebunden hat, dann ist das ein Lob. Sagst du das zu einem Vierzigjährigen, dann ist das Hohn. Sagst du es jedoch zu einem Vierzigjährigen, der motorisch eingeschränkt ist, dann ist es wieder ein Lob.

2. Ein Lob darf nicht inflationär genutzt werden. Wenn du stets und ständig für alle Winzigkeiten Lob verteilst, ist das zwar gut gemeint, jedoch nutzt es sich schnell ab und wird dann nicht mehr mit besonders großer Freude empfangen.

3. Ein Lob sollte ganz präzise ausgesprochen sein. Das einfache „Das war gut!“ oder „Ja, toll!“ ist kein erstrebenswertes Lob. Versuche immer, zu spezifizieren, was genau lobenswert ist. Zum Beispiel: „Das Essen hat großartig geschmeckt! Toll, dass du daran gedacht hast, wie gerne ich xy esse!“ Gerne darfst du auch noch deine Gefühlsebene hinzuziehen. „Damit hast du mich echt glücklich gemacht! Vielen Dank!“

4. Ein Lob sollte zeitlich gut abgestimmt sein. Der Gelobte sollte es immer genau dann empfangen, wenn die zu lobende Situation gerade durchlebt wurde. Es wird ihm wenig nützen, wenn du heute seine Leistung ignorierst, um das Lob nächste Woche auszusprechen.

Versuche, in der nächsten Zeit einmal ganz genau hinzuschauen, wann du das Gefühl hast, jemanden loben zu wollen. Suche gerne auch gezielt solche Situationen, um das richtige Loben zu üben. Denke aber dabei unbedingt daran, dass du jetzt nicht nur zur Übung auf fadenscheinige Gründe für Lob zurückgreifst. Wenn du dann das Gefühl hast, Lob aussprechen zu wollen, denke noch einen kurzen Moment darüber nach, was genau lobenswert ist, und sprich genau diese Formulierung aus. Das kannst du im Übrigen genauso bei einem Freund tun wie auch bei einem Chef. Merke: Ein ehrliches und aufrichtiges Lob ist KEIN Einschleimen, auch wenn Einige das gerne behaupten. Lerne demzufolge auch bei deinem Lob, authentischer zu werden, und du wirst merken, dass die geteilte Freude auch dir in deinem eigenen Selbstbild sehr guttun wird.

**Tipp:** Du darfst das Loben auch gerne an dir selber üben. Schau unbedingt auch darauf, was du gut gemacht hast, und formuliere dieses Lob. Das ist theoretisch eine Übung, die zum Kapitel „Selbstliebe“ gehört und dort auch in Anlehnung beschrieben ist. Trotzdem nutze sie doch auch gerne an dieser Stelle. Denke: „Wenn mein Chef/mein Freund/mein Nachbar (je nachdem, wer in der entsprechenden Situation beteiligt ist) mich jetzt loben würde, was würde er sagen?“ Auf diesem Weg schlägst du zwei Fliegen mit einer Klappe. Zum einen übst du dich im Loben, zum anderen wirfst du einen genaueren Blick auf das, was du gut gemacht hast, und stärkst damit deinen Selbstwert.

## MEINE ERKENNTNISSE DES KAPITELS „AUTHENTIZITÄT":

# Selbstliebe vs. Egozentrik

Stelle dir bitte einmal folgendes Beispiel vor: Dein bester Freund hat einen wichtigen Vortrag für die Arbeit vorbereitet. Er hat Stunden daran gesessen und ihn eingeübt, damit er mit seiner fachlichen Leistung, aber auch mit seiner Wirkung auf die Zuhörer glänzen kann. Diesen Vortrag hat er heute gehalten. Du hattest ihn gebeten, dass er sich anschließend bei dir meldet, weil du um die Wichtigkeit des Vortrages bezüglich seiner zukünftigen Laufbahn weißt. Als er nun vor dir steht, kannst du bereits erkennen, dass es weniger optimal gelaufen ist als erwünscht. Dein Freund hat Zornesfalten auf der Stirn, als er eintritt. Sofort poltert er los. Er habe die Unterlagen für einen äußerst wichtigen Teil des Vortrages zu Hause vergessen. So habe er improvisieren müssen, weshalb es mit seiner Professionalität sofort vorbei gewesen sei. Er sagt, er habe das Gefühl, sich komplett zum Affen gemacht zu haben. Notiere dir in den vorgedruckten Zeilen des Kapitels „Meine Erkenntnisse des Kapitels ‚Selbstliebe'" bitte einmal, was du deinem Freund nun raten würdest. Vermeide bitte Floskeln wie „Alles wird wieder gut!", sondern mache dir wirklich Gedanken darüber, welcher Ratschlag ihm bei diesem selbstverschuldeten Misserfolg helfen würde. Diese Aufgabe ist wichtig für den weiteren Verlauf des Kapitels. Darum führe sie bitte unbedingt jetzt durch, bevor du weiterliest.

Warum die einleitende Aufgabe des Kapitels wichtig war, wirst du im späteren Verlauf merken. Jetzt komme ich zum eigentlichen Thema der „Selbstliebe". Dieses Wort wird äußerst gerne mit Egozentrik verwechselt, und in der Tat ist der Grat zwischen diesen beiden Dingen sehr schmal. Dennoch ist es wichtig, dass du lernst, dich selber zu achten, zu schätzen und zu akzeptieren, und zwar sowohl mit deinen Stärken als auch mit deinen Schwächen. Erstaunlicherweise fällt es uns in der Öffentlichkeit meist schwerer, über unsere Stärken als über unsere Schwächen zu reden. Wie oft hast du schon etwas gesagt wie „Ich bin leider nicht wirklich gut in …" oder „Herrje, da muss ich passen. Das ist nicht mein Ding." Den meisten Menschen ist es zwar unangenehm, etwas nicht zu können, aber trotzdem sind sie bereit, es vor anderen in Worte zu fassen. Ganz anders sieht es mit den Stärken aus. Wie oft stehst du vor anderen und sagst: „Ja, das ist mein Ding. Das kann ich und da kann ich euch gerne etwas beibringen," oder „Die Aufgabe möchte ich gerne übernehmen. Da weiß ich, dass ich das gut machen werde, denn in dem Bereich … bin ich begabt." Solche Sätze fallen uns erstaunlicherweise oft sehr viel schwerer. Das hat mit dem gerade genannten schmalen Grat zur Egozentrik zu tun. Egozentrik ist jedoch noch etwas ganz anderes als Selbstliebe. Bei der Egozentrik stehe ich selber grundsätzlich im Mittelpunkt meines eigenen Denkens. Ich habe das Gefühl, dass ich mit meinen Bedürfnissen an allererster Stelle stehe, und bin dementsprechend wenig kompromissbereit anderen gegenüber. Weiterhin schätze ich mich falsch ein – ich habe das Gefühl, dass ich die meisten Dinge sowieso am besten kann – und lege damit die Maßstäbe für andere Menschen extrem hoch, da ich von ihnen verlange, dass sie dasselbe können müssten, was ich vermeintlich auch könnte. Egozentrik ist zusätzlich eine Art „Zurschaustellung“ der eigenen Fähigkeiten. In dem Bedürfnis zu zeigen, was ich für ein „toller Hecht“ bin, komme ich überheblich rüber. Dementsprechend behaupte ich auch immer wieder, Recht zu haben, und lege die Wahrheit so aus, dass sie meinen eigenen Aussagen scheinbar entspricht. Du hast bestimmt schon mehrfach einem waschechten Egozentriker gegenübergestanden. Ist dir aufgefallen, dass so jemand eher selten eine Führungsposition bekleidet? Selbstverständlich gibt es zwar Ausnahmen, doch in einem solchen Fall wird der Chef dann auch eher nicht für voll genommen.

Anders ist es mit dem Menschen, der zur gesunden Selbstliebe neigt. Ein sich selbst liebender Mensch in einer Führungsposition wird oft mit höchster Anerkennung belohnt, denn Selbstliebe beinhaltet gleich mehrere erstrebenswerte Aspekte. Sie verbindet das Wissen über die eigenen Stärken und Schwächen mit der diesbezüglichen Akzeptanz. Wenn du akzeptierst, welche Schwächen du hast, wirst du in der Lage sein, sie ohne Scham zuzugeben, da dir bewusst ist, dass jeder einzelne Mensch Schwächen hat. Aber du wirst ebenso selbstbewusst genug sein, um zu sagen, welche Fähigkeiten du mitbringst, da dir bewusst ist, dass du anderen damit weiterhelfen kannst. Wenn du lernst, dich selbst zu lieben, hast du den gleichen Respekt dir gegenüber, wie du ihn auch anderen zugestehst. Dazu gehört natürlich vor allem auch, dass du deine Grenzen erkennst und zeigst. Du traust dich, anderen gegenüber „nein" zu sagen und Dinge zu delegieren, da du nicht mehr das Gefühl hast, dich beweisen zu müssen. Vielleicht verstehst du durch die genannten Teilbereiche der Selbstliebe ein wenig besser, warum diese von so elementarer Wichtigkeit ist, denn nur wenn du lernst, dich selbst zu lieben und zu schätzen, wie du bist, kannst du das auch nach außen tragen. Wenn du unablässig mit dir haderst, sei es mit deinem Aussehen, deinen Fähigkeiten oder den „Macken", die du mitbringst, dann wirst du dich vor der Öffentlichkeit verstecken und auf diesem Weg nie lernen, du selbst zu sein. Erst, wenn du dich selber kennengelernt und akzeptiert hast, wirst du dich unverstellt der Öffentlichkeit zeigen können.

Ich habe dir vier Ansätze bereitgestellt, die dich der Selbstliebe ein ganzes Stück näherbringen. Sei dir aber bitte bewusst, dass es mit diesen vier Übungen nicht abschließend getan ist. Sie sind eine hervorragende Einführung, aber gerade im Bereich Selbstliebe bist du unentwegt gefordert, an dir zu arbeiten. Wir sind oft unwahrscheinlich selbstkritisch - viel mehr als wir sein sollten und als es der Situation entspräche - deshalb ist es an dir, immer wieder zu sehen, wie wertvoll du bist! Nicht perfekt, denn das ist niemand, aber absolut wertvoll!

## DIE EIGENEN STÄRKEN UND SCHWÄCHEN WERTFREI ERKENNEN UND MICH DAMIT BESSER KENNENLERNEN

Fangen wir als Erstes mit dem Thema Schwächen an. Wie bereits erwähnt, sind wir persönlich (es sei denn, wir sind Egozentriker) sehr viel offener im Umgang mit unseren eigenen Schwächen. Aus diesem Grund kennst du deine Schwächen sicher zum größten Teil schon. Du brauchst sie in diesem Fall nicht aufzuschreiben, denn dieses Buch ist nicht dafür da, dir aufzuzeigen, was du nicht kannst. Du solltest dir jedoch trotzdem darüber bewusst sein, damit du später zum einen deine Grenzen besser erkennst und zum anderen weißt, woran du noch mehr arbeiten könntest (wenn es relevant ist. Näheres dazu im folgenden Kapitel). Falls es dir schwerfällt, deine Schwächen zu erkennen, dann hilft der Vergleich mit anderen. Worin bist du langsamer oder was gelingt dir ganz allgemein schlechter als anderen? Oft sind auch die eigenen Interessen ein Anhaltspunkt. Die Dinge, in denen wir Schwächen haben, interessieren uns häufig auch eher weniger. Wenn ich zum Beispiel behaupte, eine „sportliche Null" zu sein, dann ist die Wahrscheinlichkeit eher gering, dass gleichzeitig eine Sportart mein Lieblingshobby ist. Nimm dir also jetzt ein wenig Zeit, um dir deiner Schwächen bewusst zu werden. Ich habe eine kleine Liste an Oberbegriffen zusammengestellt, an der du dich grob orientieren kannst. Versuche dabei aber bitte nicht zu verallgemeinern, denn wenn der Oberbegriff zum Beispiel „Kreativität" ist, dann ist es durchaus möglich, dass deine Schwäche im Bereich „Malen und Zeichnen" liegt, du aber hervorragend singen kannst. Schaue also gerne genauer hin, um

– völlig wertfrei – deine Schwächen zu erkennen. Bedenke, dass jeder von uns Schwächen in unterschiedlichen Bereichen hat, weshalb du dich ihrer keineswegs schämen solltest. Und bitte sieh das „Licht am Ende des Tunnels“, denn nach dieser Übung kommen wir zu deinen Stärken.

**Übersicht als Anhaltspunkt möglicher Schwächen:**

- Kreativität (z. B. Musik, Malerei, Schriftstellerei etc.)

- Führungsqualität (z. B. Kompromissbereitschaft, kommunikative Fähigkeiten, Fähigkeit zur Diplomatie etc.)

- Belastbarkeit (z. B. emotionale Stabilität, körperliche Fähigkeiten etc.)

- Organisationsfähigkeit (z. B. Planung zeitlicher Abläufe, Berücksichtigung benötigten Materials etc.)

- Handwerkliche Begabung (z. B. Möbelbau, Metallverarbeitung, Tonarbeiten etc.)

- Charakterstärke (z. B. Präsenz, Zuverlässigkeit, Vertreten der eigenen Meinung etc.)

- Konzentrationsfähigkeit (z. B. im Bereich Alltag, jedoch auch im Fokussieren auf der Arbeit etc.)

- Toleranz (z. B. andere Menschen, andere Eigenschaften, andere Merkmale etc.)

- Soziale Kompetenzen (z.B. Loyalität, Kompromissbereitschaft, Unterstützung etc.)

Nun kommen wir jedoch zum Thema „Stärkeprofil“, für dich also sehr viel aufbauender. Es gibt etliche Selbsttests zum Thema „Stärken erkennen.“ Sie alle decken unterschiedliche Lebensbereiche ab, wie zum Beispiel Kreativität, Führungsqualitäten, Belastbarkeit etc. Aber sie alle haben auch zwei Schwächen: Zum einen sind solche Tests – vor allem wenn sie im Internet oder auf dem Papier durchgeführt werden – lücken- und somit fehlerhaft. Es ist unmöglich, alle Punkte so klar zu formulieren, dass sie ein konkretes Profil von dir persönlich erstellen können.

Ein Beispiel zur Verdeutlichung: Wenn in dem Multiple-Choice-Test die Aussage getroffen wird, „Ich übernehme gerne die Führung“ und du musst wählen zwischen „stimme nicht zu“, „stimme zum Teil zu“, „stimme hauptsächlich zu“ oder „stimme voll zu“, dann besteht ein Problem in der Formulierung. Wenn du bisher überhaupt nicht die Möglichkeit hattest, führende Aufgaben zu übernehmen, weil sich möglicherweise andere schnell an die Spitze stellen, dann lässt sich die Frage für dich ganz allgemein nur schwer beantworten. Weiterhin besteht der Hintergrund dieser Formulierung natürlich darin zu sehen, wie es um deine Führungsqualitäten steht. Wenn du bei der Aussage „Ich übernehme gerne die Führung“ ankreuzt, dass du dem nicht zustimmst, dann bedeutet das jedoch lediglich, dass du dich in dieser Rolle erst einmal nicht wohlfühlst, aber keineswegs, dass sie nicht zu dir passt, weil dir die Fähigkeit fehlt! Und umgekehrt kannst du dich ja sehr wohl als anleitende Person fühlen, aber nur wenig stark darin sein. Damit wird die Frage nach deiner Stärke also keineswegs beantwortet, sondern vielmehr nach deiner Einstellung bezüglich der Stärke. Die zweite Schwierigkeit solcher Tests liegt in der ausschließlichen Subjektivität. Natürlich ist es wichtig, dass du selber deine Stärken und Schwächen erkennst, dennoch nimmt dein Umfeld dich ja auch auf eine ganz bestimmte Art und Weise wahr. Somit ist es äußerst hilfreich, diese Sichtweisen für ein genaues Profil mit einzubeziehen. Darauf baut die folgende Übung auf.

**Reflected best Self**

Im Bereich „Stärkeprofil“ haben Robert Quinn und Kollegen eine großartige Übung entwickelt, die sogenannte „Reflected-best-Self-exercise“, die ich dir hier vorstelle. Diese Übung bezieht sich ausschließlich auf deine Stärken, bezieht aber dein Umfeld mit ein. Dir bleibt lediglich die Aufgabe, dich über die Aussagen deines Umfeldes zu freuen und dein Stärkeprofil auszuformulieren. Im ersten Schritt überlegst du dir fünf Personen, die dich gut genug kennen, um die Frage nach deinen Stärken zu beantworten. Sie dürfen auch gerne aus unterschiedlichen Umfeldern stammen (z. B. ein Familienmitglied, ein Nachbar, zwei Freunde, ein (ehemaliger) Arbeitskollege). Natürlich darfst du auch mehr Menschen befragen, denn das macht dein Profil noch umfassender. Bei fünf Menschen handelt es sich lediglich um das Minimum.

Nun nimmst du dir einen Stift und einen Schmierzettel und befragst die fünf ausgewählten Personen nach deinen STÄRKEN (nicht nach deinen Schwächen!). Verdeutliche ihnen allerdings, dass sie sehr ehrlich sein sollen, da es darum geht, dich besser kennenzulernen. Ein „du kannst hervorragend singen“ nützt dir gar nichts, wenn das möglicherweise nicht der Fall ist und du dann ein falsches Selbstbild von dir bekommst (Das erlebt man dann zu oft bei der Castingshow „Deutschland sucht den Superstar“). Wenn deine Interviewpartner dir eine

Stärke nennen, bitte sie, diese Stärke an einem gemeinsam erlebten Beispiel zu verdeutlichen. So erhältst du ein sehr viel besseres Bild davon, wie dein Gegenüber dich wahrnimmt und auf welchen Situationen diese Wahrnehmung basiert. Schreib alles Erwähnte unsortiert mit. Wenn du Schwierigkeiten hast mitzukommen, dann kannst du das Interview auch gerne aufnehmen und anschließend die Stichpunkte herausarbeiten.

Im nächsten Schritt liest du dir die Sammlung deiner unsortierten Aufzeichnungen aller fünf Befragten noch einmal durch. Übrigens ist es ausdrücklich erlaubt, dass du dich darüber freust, denn es ist doch wunderbar, wenn dir ganz bewusst zurückgemeldet wird, was du gut kannst. Nun beginnt deine eigentliche Arbeit, um ein Profil zu erstellen. Gruppiere die Antworten, die vor dir liegen. Sortiere sie nach Oberthemen. Schaue dafür genau, in welche Bereiche die benannten Stärken gehören. Zusätzlich schaue darauf, welche der Stärken dir bereits bekannt waren und bei welchen du eher überrascht bist. Nachdem du eine grobe Sortierung durchgeführt hast, formuliere dein Stärkenprofil aus.

Schreib dabei genau auf, worin du gut bist, und beschreibe auch gerne das von deinem Umfeld genannte Beispiel. Im Kapitel „Meine Erkenntnisse des Kapitels ‚Selbstliebe'" steht dir Platz für dein Stärkenprofil zur Verfügung. Sollte er nicht ausreichen, nimm gerne noch ein weiteres Blatt hinzu, das du an das Format dieses Buches anpasst und einklebst. So hast du deine Notizen immer parat. Für einen ersten Eindruck habe ich dir eine Übersicht entworfen, aus denen du jeweils ein Beispiel und zwei folgende Stichpunkte sehen kannst.

***Meine Stärken im Überblick***

| Mir bereits bekannt | Mir unbekannt |
|---|---|
| Bereich soziale Kompetenz:<br>- Meine Loyalität (Bsp.: Als ich eine Kollegin vor meinem Chef verteidigt habe, obwohl mir bewusst war, dass das Konsequenzen für mich haben könnte)<br>- Meine Hilfsbereitschaft (Bsp.: …)<br>- … (Bsp.: …)<br><br>Bereich Kreativität:<br>- … (Bsp.: …)<br>- … (Bsp.: …)<br>- … (Bsp.: …)<br><br>Bereich Charakterstärke:<br>- … (Bsp.: …)<br>- … (Bsp.: …)<br>- … (Bsp.: …) | Bereich kommunikative Fähigkeiten:<br>- Meine Deeskalationsfähigkeit (Bsp.: Als ich einen Streit meiner Eltern durch gutes Zureden und Vermitteln schlichten konnte)<br>- Meine Fähigkeit zu loben (Bsp.: …)<br>- … (Bsp.: …)<br><br>Sportlicher Bereich:<br>- … (Bsp.: …)<br>- … (Bsp.: …)<br>- … (Bsp.: …)<br><br>Bereich Kritikfähigkeit:<br>- … (Bsp.: …)<br>- … (Bsp.: …)<br>- … (Bsp.: …) |

Im letzten Schritt geht es darum, dass du erkennst, inwiefern das Stärkeprofil dir nützt. Natürlich hilft es dir als erstes bei deinem eigenen Selbstwert, wenn du erkennst, welche Stärken andere, dir nahestehende Personen in dir wahrnehmen. Weiterhin kannst du diese Stärken natürlich auch ausbauen. Du hast die Möglichkeit, dich in diesen Bereichen weiterzubilden, du kannst Erfahrungen intensivieren und schauen, wie du deine Stärken besser in den Alltag einbringen kannst. All diese Schritte unternimmst du natürlich im Hinblick darauf, mehr du selbst sein zu können, denn wenn du dir endlich bewusst darüber bist, wie wertvoll und wichtig du bist und welche Fähigkeiten du mitbringst, dann kannst du dich auch in der Öffentlichkeit selbstbewusster zeigen. Weiterhin wird es dir automatisch leichter fallen, deine Schwächen anzunehmen, da du ihnen ganz bewusst deine Stärken entgegensetzen kannst.

### Eigene Grenzen definieren und neue Ziele stecken

Dass du jetzt ein intensiveres Bewusstsein bezüglich deiner Stärken und Schwächen hast, ermöglicht dir natürlich auch das Definieren deiner Grenzen und Ziele. Ich gehe wieder zuerst auf deine Grenzen ein, um dann auf das Positive – das Stecken und Formulieren neuer Ziele – hinzuarbeiten. Ich möchte direkt mit einem Beispiel beginnen, damit dir das Folgende sofort einleuchtet. Nimm einmal an, dass du ein ganz schlechter Sänger bist. Du bist dir dieser Schwäche bewusst, denn du kannst weder Melodien nachsingen noch den Takt halten. Auch für dein Stärkenprofil hat dir keiner dein gesangliches Talent zurückgemeldet, was dich in deinem Eindruck, nicht singen zu können, bestätigt. Jetzt hast du zwei Möglichkeiten. Die erste Möglichkeit ist, dass du an deiner Schwäche arbeitest. Dafür solltest du zum einen die Relevanz der Schwäche in deinem Alltag überprüfen und zum anderen dein eigenes Interesse an der Thematik. Beim Beispiel „Singen“ ist die Frage nach der Relevanz in deinem Leben vermutlich schnell beantwortet. In den seltensten Fällen ist das Singen für Menschen in ihrem

Alltag von besonderer Bedeutung und damit zu vernachlässigen (anders ist es zum Beispiel im Bereich Kritik- oder Kommunikationsfähigkeit. Diese beiden Punkte sind für Menschen meist höchst relevant im alltäglichen Bereich sozialer Fähigkeiten und somit in jedem Fall erstrebenswert. Solltest du dort Schwächen erkennen, solltest du Arbeit in eine Verbesserung stecken). Nun gilt es also nur noch, dein eigenes Interesse zu überprüfen. Solltest du dich für das Singen begeistern und dich für deine Schwäche schämen, dann gönne dir gerne Hilfe von einem Gesangslehrer (Tipp: Wenn das zu teuer für dich ist oder du dich zu unflexibel für einen regelmäßigen Termin hältst, dann gibt es auch gute Tutorials im Internet, die einen Einstieg schaffen können. Möglichkeiten gibt es immer!). Ist das Singen für dich aber sowieso nur das unnötige Übertönen der eigentlichen Musik, dann wäre es pure Energieverschwendung, Zeit und Aufwand in deinen Gesang zu investieren. Denke hierbei noch einmal an das bekannte Zitat von Albert Einstein: „Jeder von uns ist ein Genie. Aber wenn du einen Fisch danach beurteilst, ob er auf einen Baum klettern kann, wird er sein ganzes Leben glauben, dass er dumm ist." Er sagt damit unter anderem aus, dass es Dinge gibt, die wir nicht können und auch gar nicht können müssen, da wir alle trotzdem Qualitäten in uns tragen, die uns wertvoll machen. Und das solltest du unbedingt auch für dich annehmen!

Mit dem Schritt, „Nein“ zum Singen zu sagen, setzt du die Grenze dahin, etwas Bestimmtes zu erlernen. Du sparst deine Ressourcen, indem du irrelevante Schwächen aussortierst. Diese Grenzen gilt es nun natürlich nach außen zu transportieren. Beim Singen ist das wiederum nicht besonders schwer. Dem jährlichen „Happy Birthday“ kannst du mit einem charmanten Lächeln und dem Spruch: „Ich wollte dich an deinem Geburtstag schließlich nicht taub machen" entgegenwirken. Andere Aufgaben gilt es an dieser Stelle zu delegieren. Bedenke dabei immer, dass es eine große Stärke ist, wenn man Schwächen zugeben kann. „Ich würde gerne eine Zeichnung des zukünftigen Anbaus machen, aber darin bin ich nicht gut. Was hältst du davon, wenn ich dir beschreibe, was ich mir wünsche, und du es dann zeichnest?" ist sehr ehrlich und du wirst merken, dass es dir selber guttun wird, offen deine Grenzen zu setzen.

Im Hinblick auf deine Stärken sieht es natürlich ähnlich aus. Wir alle tragen etliche Stärken in uns. Jede einzelne zu fördern würde unsere Energiereserven sprengen. Auch da solltest du dir bewusst darüber sein, welche Stärken du gerne weiter ausbauen würdest. Frag dich doch einmal: „Wann bin ich wirklich ganz impulsiv und intuitiv und überrasche mich damit selber? Und was macht mich richtig glücklich?" Diese Fragen spiegeln deine Interessen wider, und solche Stärken solltest du unbedingt trainieren, weil sie dir guttun und es zur Selbstliebe gehört, dich selber zu belohnen! Weiterhin solltest du diejenigen Stärken heraussuchen, die dich in deinem Alltag vorwärtsbringen. Und zu diesen solltest du dir Ziele definieren, um effektiver voranzukommen. Nehmen wir einmal an, du hast in deinem Stärkeprofil Folgendes stehen:
Bereich Kommunikationsfähigkeit:

- Meine Fähigkeit, Dinge konkret zu benennen (Bsp.: Als ich meiner Schwester einen Sachverhalt besser erklären konnte als ihr Lehrer)

Diese Stärke solltest du unbedingt weiter ausbauen, da sie dich in deinem Alltag weiterbringt und dir selber auch die Möglichkeit gibt, dich in deinem Wesen mit deinen Gefühlen und Bedürfnissen auszudrücken. Setz dir ein konkretes Ziel, das dich in deiner Fähigkeit voranbringt. Sei dabei unbedingt genau, damit du das Erreichen des Zieles nachträglich überprüfen kannst.

**Achte dabei auf folgende Punkte:**

- Zeitliche Überprüfbarkeit
- Konkretes Ziel
- Sinn hinter dem Ziel
- Ist das Ziel realistisch?

**Sinn hinter dem Ziel**
„Um meine Kommunikationsfähigkeit weiter auszubauen, werde ich innerhalb des kommenden Monats einen Vortrag auf meiner Arbeit zum Thema „xy“ halten.“

**Zeitliche Überprüfbarkeit / Konkretes Ziel**
Ob das Ziel realistisch ist, musst du natürlich außerhalb der Formulierung überprüfen. Wenn auf deinem Arbeitsplatz Vorträge unpassend sind, ist auch dieses Ziel unrealistisch.

# DEN SELBSTWERT NACHHALTIG STÄRKEN

Du hast dich jetzt um ein Vielfaches besser kennengelernt. Du weißt um deine Schwächen und Stärken, und dir ist bewusst, dass es Punkte gibt, an denen du arbeiten möchtest, genauso wie diejenigen, die du – zumindest im Moment – vernachlässigen wirst. Damit bist du ein großes Stück weitergekommen im Vorhaben, dich selber kennenzulernen und zu akzeptieren, wie du bist. Dennoch gibt es weitere Hilfestellungen, die dir dabei helfen, deinen Selbstwert zu stärken. An dieser Stelle bekommst du sie zusätzlich an die Hand.

**Der Spiegel-Trick**

Mit der folgenden Übung sammelst du jeden Morgen ein wenig mehr Selbstwertgefühl ein. Es ist – zugegebenermaßen – ein Trick, der dein Gehirn und Denken überlistet, aber wen kümmert das, wenn es dir zu mehr Selbstliebe verhilft? Oft richten wir den Blick auf uns eher negativ aus. Gerade unser Körper spiegelt diese Einstellung dann wider. Wir wirken irgendwie „eingesunken“ und „klein“, wenn wir uns nicht selber schätzen. Um zu mehr Akzeptanz zu kommen, nutzt du diesen Effekt nun in umgekehrter Weise. Du zeigst deinem Gehirn mithilfe eines Spiegels, wie ein selbstbewusster Mensch aussieht. Wenn es dich auf körperlicher Ebene als selbstbewussten Menschen wahrnimmt, speichert es das im Unterbewusstsein ab. Als Folge wird es dir Impulse geben, dich selbstbewusst zu verhalten, damit dein Verhalten dem gesehenen Bild entspricht. Wie bereits gesagt überlistest du dein Gehirn mit dieser Übung. Jeden Morgen solltest du dich vor den Spiegel stellen. Am besten ist ein Ganzkörperspiegel, du solltest aber auf jeden Fall deinen Oberkörper sehen können. Nun verkörperst du pures Selbstbewusstsein. Ziehe die Schultern zurück und halte sie dabei dennoch unten. Stehe aufrecht mit offenem, erhabenem Blick, ziehe bei dieser Übung gerne den Bauch ein und spanne deinen Körper an. Betrachte dich auf diese Weise. Nimm die Kraft wahr, die mit deinem Spiegelbild einhergeht und schaue dir eine Weile den Teil deines Körpers an, der dir in dieser Position am besten gefällt. Speichere dieses Bild im Kopf ab und verlasse die Position vor dem Spiegel, bevor du deine normale Körperhaltung annimmst. Wenn du diese Übung jeden Morgen durchführst, wirst du merken, dass das Bild von dir selber sich nachhaltig verändert. Infolgedessen wirst du zu einer neuen, offeneren und selbstbewussteren Ausstrahlung gelangen und dein eigenes Wesen dadurch in der Öffentlichkeit sehr viel lieber präsentieren.

**Der Umgang mit eigenen Schwächen - Nachsichtigkeit üben**

Dir sind deine eigenen Schwächen bewusst, und im vorherigen Kapitel wurde bereits erwähnt, dass du sie vollkommen wertfrei annehmen darfst. Aber genau da liegt die große Krux. Wir neigen dazu, nach Perfektion zu streben, und Schwächen passen da einfach nicht rein. Mal ganz ehrlich: wie gerne versagst du im Alltag? Und genau um die Akzeptanz deiner Schwächen geht es in diesem Kapitel. Natürlich nützt es dir ein wenig, wenn ich Einstein zitiere – auch wie im letzten Kapitel – natürlich nützt es dir ein wenig, wenn ich dir sage, dass jeder Schwächen hat, aber das so richtig fühlen und mit dieser Einstellung mitgehen, fällt dir vermutlich trotzdem schwer, richtig? Die folgende Klopf-Übung hilft dir dabei, zu ebendieser Akzeptanz und Nachsicht dir selber gegenüber zu kommen. Zuerst formulierst du einen Erinnerungssatz, in dem du deine Schwäche ausdrückst, z. B. „Es ärgert mich, dass ich mir im Bereich Kritikfähigkeit sehr schwertue." Nun musst du einen Wert zwischen Null und Zehn wählen, je nachdem, wie intensiv du diesen Zustand empfindest. Merke dir diesen Wert. Nun folgt ein neuer Satz, dein sogenannter Selbstannahmesatz. Hier bestärkst du, dass du dich trotz deiner Schwäche gut findest, wie du bist. Er könnte lauten: „Ich bin wertvoll, obwohl ich mich über meine Schwäche ärgere!" Diesen Satz sagst du vor dem Klopfen drei Mal nachdrücklich. Er wirkt aktiv auf dein Unterbewusstsein und hilft dir zu mehr Akzeptanz. Jetzt beginnst du zu Klopfen. Mit dem Beklopfen des Körpers beginnt ein Lösungsprozess. Du benötigst jetzt also deinen anfangs formulierten Erinnerungssatz („Es ärgert mich, dass..."), um dich gedanklich von dem unerwünschten Zustand zu lösen. Du solltest das Klopfen auf den im Folgenden beschriebenen Punkten drei bis sieben Mal durchführen und dabei schauen, ob der Wert, den du definiert hattest, sinkt. Wenn du den Wert niedriger als am Anfang einschätzt, dann arbeite den Rundgang bis zum letzten Körperpunkt durch und beende die Übung.

Nun erhältst du die Körperpunkte im Überblick, die du der Reihe nach beklopfen musst. Du brauchst sie nicht ganz genau treffen. Es geht dabei um die Meridiane, auf denen sie liegen und die du auch stimulierst, wenn du im naheliegenden Bereich klopfst. Sei also bitte ganz unbesorgt. Du klopfst einseitig ohne Wechsel. Entscheide dich also, welche Seite dir lieber ist.

1. Broschepunkt: Liegt eine Hand unter dem Schlüsselbein und ist etwas weicher, als die umliegenden Gebiete

2. Augenbrauenpunkt: genau zwischen den Augenbrauen

3. Augenpunkt: direkt außerhalb der Augen

4. Jochbeinpunkt: Knöcherne Erhebung unter den Augen

5. Nasenpunkt: auf den Hautfalten zwischen Oberlippe und Nase (Philtrum)

6. Kinnpunkt: In der Kuhle unter der Unterlippe

7. Schlüsselbeinpunkt: direkt unter dem Schlüsselbein (Achtung: Über dem weicheren Broschepunkt)

8. Unter-dem-Arm-Punkt: direkt in der Achsel

9. Finger in folgender Reihenfolge beklopfen: Daumen-, Zeigefinger-, Mittelfinger-, kleiner Fingerpunkt: innere Nagelfalz des jeweiligen Fingers

10. Handkantenpunkt (Karatepunkt): auf der Handkante, unmittelbar unter dem unteren Knochen des kleinen Fingers

11. Serienpunkt: auf dem Handrücken zwischen dem kleinen Finger und dem Ringfinger

Führe diese Übung regelmäßig durch, am besten täglich. Nimm dir gerne unterschiedliche Erinnerungs- und Selbstannahmesätze als Ausgangspunkt. So trainierst du dein Unterbewusstsein, dich trotz deiner Schwächen anzunehmen, und verschaffst dir damit deutlich mehr Akzeptanz dir selber gegenüber.

**Tipp:** Du hast dir ganz am Anfang dieses Kapitels drei Ratschläge aufgeschrieben, die du deinem besten Freund geben würdest, der bei seinem Vortrag für die Arbeit laut eigener Aussage versagt hat. Streiche dir diese Ratschläge bitte nun noch einmal farbig an. Denn jetzt ist es an der Zeit, endlich die Nachsichtigkeit dir selbst gegenüber an den Tag zu legen, die du auch deinem besten Freund zugestehst. Aus diesem Grund ist es jetzt wahrscheinlich keine Überraschung mehr, dass die Ratschläge eigentlich für dich selber gedacht sind. Wenn du selbstverschuldete Misserfolge hast – in welcher Form auch immer – dann nimm dir dieses Buch zur Hand. Schlage das Kapitel „Meine Erkenntnisse des Kapitels ‚Selbstliebe'" auf, denn hier stehen Ratschläge für dich parat, wie du mit der Situation umgehen kannst! Nimm diese ernst, denn du hast genauso wie dein bester Freund ein Recht auf deine eigene Nachsichtigkeit. Denn Fehler dürfen passieren – jedem!

## MEINE ERKENNTNISSE DES KAPITELS „SELBSTLIEBE":

# Mein inneres Kind

*Suchen wir den Auslöser in Ihrer Kindheit.* Diesen Satz hören viele Menschen, die eine sogenannte „kognitive Verhaltenstherapie“ durchführen. Zwar wird dieser Ansatz oft belächelt, da sich viele Menschen fragen, was die aktuelle Lage denn mit der Kindheit zu tun haben sollte, jedoch ist er ein ganz wesentlicher Ansatz. John Bradshaw erarbeitete elementare Ansätze zu Therapieformen, mit denen man das innere Kind heilen kann. An dieser Stelle ist zu erwähnen, dass dieses Buch keineswegs eine Alternative zu einer Therapie darstellt. Diese Ansätze werden herangezogen und mit konkreten Tipps für dich untermauert, um mehr und intensiver zu dir selbst zurückfinden zu können. Eine Therapie ersetzen sie in keinem Fall! Das innere Kind liegt tief in jedem von uns verborgen und ist erst einmal in unserem Alltag nicht zugänglich für uns. Es trägt alles in sich, was du in deiner Kindheit erlebt, gefühlt und miteinander verknüpft hast. Diese Erfahrungen können wahre Schätze sein und uns in unserem Selbstbewusstsein enorm weiterbringen. Jedoch können sie uns auch stark hemmen, wenn wir Negativerfahrungen gemacht haben, die wir unbewusst noch immer mit uns herumtragen. Aus diesem Grund erfährst du im kommenden Kapitel mehr über sogenannte „Glaubenssätze“, die tief in dir verborgen liegen, und wie du sie aufspüren und verändern kannst.

## GLAUBENSSÄTZE UND WAS DIESE MIT MEINEM INNEREN KIND ZU TUN HABEN

Für die Erklärung der Glaubenssätze ziehe ich an dieser Stelle einen äußerst berühmten Film von Walt Disney heran. „Der König der Löwen“ ist einer der wohl bekanntesten Zeichentrickfilme aller Zeiten. Falls du ihn – auch wenn das undenkbar scheint – nicht gesehen haben solltest, mach dir keine Sorgen. Ich erkläre die Situation, damit du im Bilde bist. Ich springe nun zu der Stelle, in der der Affe Rafiki zu dem erwachsenen Löwen Simba kommt. Simba fragt: „Wer bist du?“, woraufhin der Affe eine Gegenfrage stellt: „Die Frage ist: Wer bist du?“ Nun lautet Simbas Antwort: „Ich wusste es mal, jetzt bin ich mir nicht mehr so sicher.“ Mit dieser Antwort stellt Simba zwei Fakten und eine Frage heraus, die mich unmittelbar zu den Glaubenssätzen führen. Der erste Fakt ist: Ich wusste einmal, wer ich bin, wozu ich geboren wurde und wie mein Leben weitergehen sollte (für diejenigen, die den Film nicht kennen: Er war der Königssohn und hatte bereits Etliches darüber gelernt, wie er sich einmal als König verhalten würde). Der zweite Fakt ist, dass er sich jetzt nicht mehr so sicher ist. Ihm fehlt also das Wissen darüber, wer er ist und wofür er bestimmt ist. Und die Frage, die sich daraus ergibt, ist, wodurch der Verlust dieses Wissens zustande gekommen ist. Als Simba ein junger Löwe war, wurde sein Vater von seinem Bruder –

Simbas Onkel Scar – getötet. Natürlich hätte dieser Fakt alleine schon ausgereicht, um eine Kinderseele massiv zu schädigen. Aber der eigentliche Punkt, weshalb Simba den Blick auf seine Identität verliert, liegt in der Lüge, die Scar ihm einpflanzt. Er behauptet, Simba wäre schuld an dem Tod seines Vaters und dieser würde noch leben, wenn Simba nicht gewesen wäre – er sei ein Mörder. In diesem Glauben soll Simba das Land verlassen und nie wieder zurückkommen. Bis zu dem gerade beschriebenen Tag, an dem der Affe Rafiki Simba fragt, wer er sei, ahnt Simba nicht, dass er unschuldig am Tod seines Vaters ist. In seinem Kopf entwickelt sich das Bild von ihm selber als Mörder immer mehr. Er fühlt sich schuldig und immer wertloser, bis er den Bezug zu sich selber schließlich völlig verliert.

Natürlich ist diese Geschichte fiktiv, die Psychologie darin ist jedoch stimmig.. Ich gebe dir einen kleinen Einblick in dein Gehirn, dann wird der Umgang mit Glaubenssätzen noch einmal deutlicher. Das Gehirn ist nicht fähig zu unterscheiden, was real ist und was nicht. Das glaubst du sicher erst einmal nicht, aber stelle dir doch einmal vor, wie du dich fühlst, wenn du einen wirklich schrecklichen Horror- oder Psychofilm im Fernsehen siehst, oder aber, wenn du durch einen schlimmen Alptraum erwachst. Dein Herz schlägt wild, du schwitzt, dein Mund fühlt sich trocken an, gegebenenfalls musst du sogar das Licht ein- bzw. den Film abschalten, um wieder zur Ruhe zu finden. Was ist da passiert? Du sitzt in absoluter Sicherheit auf deinem Sofa oder liegst in deinem Bett und trotzdem zeigt dein Körper ganz spezifische Stresssymptome, die von deinem Gehirn ausgelöst wurden. Das hat den ganz einfachen Hintergrund, dass es nicht gemerkt hat, dass die Situation nicht echt ist, sondern in einem Film, bzw. Traum begründet. Und ganz genauso ist es mit allem, was du hörst. Wenn dir als Kind immer und immer wieder gesagt oder vermittelt wird, dass du wertvoll bist, hübsch oder großartig, dann verinnerlicht dein Gehirn diesen Fakt und speichert ihn im Unterbewusstsein ab. Etwas Besseres kann dir nicht passieren, denn niemals würde dein Gehirn ohne Auslöser beginnen, diesen sogenannten Glaubenssatz zu hinterfragen. Dein Leben lang wird der Fakt, dass du ein tolles Wesen bist, in dir verankert sein – es sei denn, du versuchst bewusst, Einfluss darauf zu nehmen. Natürlich funktioniert dieses Beispiel auch im negativen Sinn. Wenn du als Kind immer wieder den Eindruck hattest oder sogar gesagt bekommen hast, dass du nichts wert bist, dass du viele Dinge nicht schaffen kannst und sowieso nicht gut genug bist, dann wird dich dein Unterbewusstsein immer dann hemmen, wenn du versuchen wirst, etwas Neues, Eigenes in Gang zu setzen. Immer wieder wirst du plötzlich das Gefühl haben, dass du es doch nicht zu Ende bringen wirst oder es nicht schaffen kannst und dass es sich aus diesem Grund gar nicht erst lohnt anzufangen. Oder aber du wirst mit deiner Leistung einfach nicht zufrieden sein und vermehrt darauf hinarbeiten, dass alles perfekt sein muss, um zu beweisen, dass du doch etwas kannst. Aber eine tiefe Zufriedenheit ist nicht leicht zu erreichen, wenn du tiefsitzende, hemmende Glaubenssätze in dir trägst. Aus diesem Grund ist es wichtig, nachzuspüren und zu überlegen, welche Einstellung dir selber gegenüber eigentlich in dir liegt und ob sie ursächlich in deiner Kindheit begründet sein könnte.

**Die bisherigen Glaubenssätze herausarbeiten**

Glaubenssätze prägen dich in ganz unterschiedlichen Situationen. Versuche also nicht, ausschließlich zu erspüren, was deine Eltern dir vermittelt haben. Vermittler können neben den Eltern die Großeltern sein, Geschwister, Erzieher und Lehrer, Freunde, aber auch eigene Erfahrungen, die du gemacht hast (z. B. wenn du immer wieder an der gleichen Stelle scheinbar versagst, bildet sich in dir ein Glaubenssatz, der in diesem Versagen begründet ist). Wie bereits erwähnt, liegen diese Glaubenssätze ab dem Zeitpunkt ihrer Bildung in deinem Unterbewusstsein verborgen. Aus diesem Grund musst du sie natürlich erst einmal „hervorkramen", um an ihnen arbeiten zu können. Du kannst jedoch deine eigenen Glaubenssätze in drei Kategorien unterteilen, um so viele wie möglich von ihnen zu finden. An erster Stelle stehen diejenigen, von denen du bereits weißt (z. B.: „Meine Mutter/Tante/Schwester etc. hat mir schon als Kind immer gesagt, dass ich…"). Es kann sich jedoch auch um einfache Sprichworte handeln, die du verinnerlicht hast und die dich in deinem heutigen Leben hemmen. „Wer schön sein will, muss leiden" kann zum Beispiel mit einem heutigen krankhaften Streben nach Schönheit einhergehen, das von körperlichem Leid begleitet wird.

Dieses kann in einem Abnehm-Wahn erkennbar werden, im übertriebenen Maß an sportlichen, körperbildenden Maßnahmen oder an chirurgischen Eingriffen. Suche gezielt nach Sätzen, die dich in der Kindheit begleitet haben und die dein Leben in der heutigen Zeit prägen. Notiere sie dir im Kapitel „Meine Erkenntnisse des Kapitels ‚Mein inneres Kind'" unter „Bewusste Glaubenssätze". Notiere dir bitte nur diejenigen Glaubenssätze, die dich negativ beeinflussen, denn an diesen sollst du arbeiten. Wenn du gerne eine positive Gegenüberstellung machen möchtest, kannst du gerne einen Extrazettel mit Notizen anfertigen, den du zusätzlich in dieses Buch legst. Wenn du mit deinen bewussten Glaubenssätzen fertig bist, dann wirf einen Blick auf unterschiedliche Lebensbereiche. Arbeite diejenigen heraus, in denen du aktuell Schwierigkeiten hast. Das kann die finanzielle Ebene sein oder die berufliche, die soziale – also Freundschaft/Liebe/Familie – oder eine innere Demotivation ganz allgemein. Notiere dir deine Einfälle dazu unter der Überschrift „Lebensbereiche, in denen es nicht rund läuft.“ Diese Lebensbereiche deuten darauf hin, dass du viele in dir verborgene Glaubenssätze mit dir herumträgst, die dich daran hindern, dein Potential auszuschöpfen. Und schließlich folgt der dritte Indikator für negative Glaubenssätze. Deine Gefühle sind ein wichtiger Anhaltspunkt, um sie aufzuspüren. Wenn es dir gerade schlecht geht, kommen sie nämlich oft von ganz allein wieder hoch. Nimm einmal an, du hast gerade einen frustrierenden Vortrag auf der Arbeit gehalten. Keiner hat dir zugehört und du bist völlig demotiviert. Plötzlich kommt da der Gedanke: „Ich konnte eh andere noch nie begeistern.“ Und damit hast du deinen negativen Glaubenssatz gefunden. Achte also in Momenten negativer Emotionen einmal vermehrt darauf, was du eigentlich denkst, um auch die letzten verborgenen Sätze zu finden, und notiere sie unter „emotionsgeleitete Glaubenssätze.“ Du wirst sicher merken, dass du im Laufe der nächsten Zeit immer mehr solcher Sätze finden wirst, gerade, weil du jetzt einmal ganz bewusst darauf achtest. Notiere sie weiterhin sortiert in diesem Buch. Lass darum unter jeder der drei vorgegebenen Überschriften Platz für Ergänzungen.

**Alte Glaubenssätze löschen und neue etablieren**

Nachdem du nun viele Glaubenssätze aufgespürt hast, gilt es natürlich, sie umzuwandeln, damit sie dich in Zukunft nicht mehr hemmen können. Du wirst die Chance haben, sie dir zunutze zu machen und damit sehr viel befreiter leben zu können. Das braucht Zeit. Wie alt bist du und wann haben sich deine Glaubenssätze in etwa in dir gebildet? Jetzt weißt du, wie viele Jahre du bereits ungewollt mit ihnen lebst. Natürlich verschwinden sie nicht von heute auf morgen; einige vergehen schneller, für andere wirst du mehr Zeit brauchen. Bleib also unbedingt dran, damit du dich nachhaltig von ihnen befreien kannst. Auf diesem Weg wird dein inneres Kind ein ganzes Stück mehr dein positiver Begleiter und steht dir nicht mehr als hemmender Faktor im Weg. Und mit dieser Form der in dir ruhenden Zufriedenheit wirst du dich deutlich selbstbewusster in der Öffentlichkeit zeigen können, weil du dich selber sehr viel besser kennen wirst. Vergiss nicht, dass du immerhin gerade dabei bist, einen Teil deines Unterbewusstseins offenzulegen!

Du hast nun mehrere Möglichkeiten, an deinen Glaubenssätzen zu arbeiten. Lies sie dir dafür bitte noch einmal ganz genau durch. Sind vielleicht jetzt schon welche dabei, über die du bereits lachen musst, weil sie so absurd sind? Dann ist das Thema damit erledigt. Diese darfst du durchstreichen, sie werden dich nicht mehr belasten. Im nächsten Schritt wird es etwas schwieriger. Du machst dir damit zunutze, dass dein Gehirn versucht, alles, was dich schwächt, nicht zuzulassen. Wenn du das nächste Mal deine Glaubenssätze laut vorliest, spüre einmal nach, was sie mit dir machen. Versuche wirklich zu fühlen, ob du wütend bist, wenn du sie hörst, traurig oder sogar verzweifelt. Nimm das Gefühl ganz gezielt wahr und verbinde es mit dem ausgesprochenen Satz. Dein Unterbewusstsein wird in Zukunft versuchen, diesen Satz zu meiden, weil es ihn nun ganz gezielt mit der schwächenden Wirkung in Verbindung bringen kann. Nimm dir dabei bitte immer nur so viel vor, wie du auch ertragen kannst. Wenn du zu „emotional wirst, dann geh langsam und Schritt für Schritt vor. Und immer dann, wenn du merkst, dass dich ein Glaubenssatz in deinem Alltag weniger belastet, dann streiche ihn in diesem Buch durch.

Wie bereits erwähnt, ersetzt das Buch keine Therapie. Solltest du spüren, dass diese Übung eine anhaltende tiefe Traurigkeit in dir auslöst, dann sind die Gefühle sehr wahrscheinlich tief verankert. In diesem Fall könnte der Rat eines Fachmanns durchaus hilfreich für dich sein. Wenn sich jedoch alles im Rahmen hält und du bereits Verbesserungen spüren kannst, dann mach gern einfach mit dem nächsten Schritt weiter. Natürlich wird es immer noch Sätze geben, die sich nicht so einfach lösen wollen. Enttarne sie als Lüge. Wenn in dir verankert ist: „Ich schaffe einfach gar nichts," dann frage dich ganz gezielt danach, was du eigentlich schon alles geschafft hast. Auf diesem Weg wird der Satz an Wahrheit abnehmen.

Sammle immer mehr Situationen und Aspekte, die das Gegenteil beweisen. So wird dein innerer Satz immer kleiner und unbedeutender werden, weil du dir selber beweist, dass er nicht stimmt. Und nun stellst du dir die Frage, was sich verbessern würde, wenn der Glaubenssatz von dir abließe. Was würde sich in deinem Leben zum Positiven verändern? Mit dieser Technik wirkst du gezielt auf dein Unterbewusstsein ein, sodass du jeden Glaubenssatz minimieren kannst. Und wenn du jetzt trotzdem noch Glaubenssätze auf deiner Liste hast, die du noch nicht gestrichen hast, dann wendest du einen simplen, aber äußerst effektiven Trick an. Formuliere die Glaubenssätze einfach um und verankere sie in deinem Gehirn. Du weißt bereits, dass sich Glaubenssätze in deinem Unterbewusstsein etablieren, einfach dadurch, dass du sie immer wieder gehört hast – dabei ist es irrelevant, ob sie stimmen oder nicht. Und genau diesen Faktor machst du dir nun zunutze.

Beispiel:

**Negativer Glaubenssatz:** Wer schön sein will, muss leiden!

**Positiver Glaubenssatz:** Ich trage bereits eine innere Schönheit in mir.

~

Achte dabei darauf, dass du Formulierungen vermeidest, die mit „nicht“ einhergehen (z. B.: „Ich muss nicht leiden, um schön zu sein“), denn negative Worte blendet das Unterbewusstsein aus, da sie schwächend wirken. Der Beispielsatz würde dann umgeformt zu: „Ich muss leiden, um schön zu sein“, was ja nur wieder den ehemaligen Satz bestärken würde. Wenn du dir diesen neuen Satz regelmäßig (!), am besten mindestens morgens und abends mehrmals vorsagst, wird er sich nachhaltig in dir festigen. Der zuvor negativ etablierte Satz wird gleichzeitig immer mehr verblassen. Wie gesagt, sei geduldig mit dir selbst, denn solche Sätze wirst du nicht allesamt in kurzer Zeit loswerden! Dafür wohnen sie jetzt schon zu lange in dir. Aber bleib unbedingt dran, damit du innere Blockaden löst und sehr viel selbstbewusster und motivierter in deinen Alltag starten kannst.

## MEIN INNERES KIND PFLEGEN UND MICH VON VERGANGENEM LÖSEN

Du hast bereits einen großen Schritt in Richtung „Pflege des inneren Kindes“ getan. Die etablierten Glaubenssätze bilden einen sehr großen Teil deines inneren Kindes. Aus diesem Grund habe ich dir die vorangegangenen Übungen an die Hand gegeben. Dennoch gehört noch mehr zu deinem inneren Kind als deine Glaubenssätze. Deine gesamten gesammelten Erfahrungen und damit verbundenen Gefühle prägen dein Leben nachhaltig. Unser Verhalten ist stets mit dem, was wir bereits erlebt haben verknüpft – da kommt niemand von uns umhin. Auch hier gilt es selbstverständlich, dein inneres Kind noch mehr zu „pflegen.“ Auf diese Weise wirst du einen ganz anderen Bezug zu deiner Kindheit bekommen. Du wirst viele aktuelle Verhaltensweisen besser verstehen, wenn du ihren Ursprung entdecken kannst, und du hast die Möglichkeit, mit Unvollendetem abzuschließen. Mach dir dafür einmal Folgendes deutlich: Ganz bestimmt hast du dich schon einmal im Streit von einer Person getrennt. Dinge bleiben ungesagt und sind ungeklärt. Wie fühlt sich eine solche Situation für dich an? Sicher spürst du den Frust der Dinge in dir, die du loswerden möchtest, die Traurigkeit des in der Luft liegenden und nicht bereinigten Konflikts. Wie ist es, wenn du die entsprechende Person nach so einem ungeklärten Streit wiedertriffst? Du kannst dir sicher sein, dass – selbst wenn ihr euch wieder zusammenrauft – ein wirklich ernster, vorangegangener und unbearbeiteter Streit wieder hochkommen kann, spätestens dann, wenn ein erneuter Konflikt auftritt („Bei unserem letzten Streit hast du dieses, jenes, welches schon ganz genauso gemacht. Fand ich damals schon link von dir.“). Ein ungeklärter

Konflikt hat somit grundsätzlich das Potential weiterzubrodeln. Dasselbe gilt für die unbearbeiteten negativen Situationen, die du aus deiner Kindheit noch immer mit dir herumträgst. Immer dann, wenn du in einer schwierigen Zeit bist, kommen sie wieder hoch und schwächen dich – dein Leben lang. Aus diesem Grund gilt es, die Unzufriedenheit, die dein inneres Kind womöglich mitbringt, zu lösen und mit der Situation abzuschließen. Um dorthin zu gelangen, bekommst du nun weitere Übungen, die du durchführen solltest. Auch mit diesen Methoden erkennst du deinen eigenen Wert sehr viel mehr, da du nicht mehr so sehr in früheren Situationen feststeckst, wenn du erst einmal gelernt hast, sie loszulassen.

## Die Verbindung zum inneren Kind finden und die Beziehung stärken

Es gibt etliche Wege, zu deinem inneren Kind zurückzufinden. An dieser Stelle zeige ich dir mehrere auf, damit du selber die Wahl hast, was dir davon am meisten zusagt. Zugegeben wirkt diese Herangehensweise für manche Menschen etwas befremdlich. Im Grunde genommen ist sie jedoch in sich völlig logisch. Wenn ich vom „inneren Kind“ spreche, dann meine ich lediglich das Bild, das sich aus dem Vergangenen gebildet hat und dich noch heute beeinflusst. Jedes einzelne Erlebnis wirkt prägend. Und das innere Kind beschreibt das, was dich in deiner Kindheit geprägt hat. Hierauf hast du nur schwer Zugriff, weil eben vieles nur unterbewusst vorhanden ist.

Und aus diesem Grund ist die erneute „Kontaktaufnahme“ so wichtig, also eben, dass du Unverarbeitetes nachbearbeitest und somit abschließen kannst. Falls du also Schwierigkeiten mit dem Bild vom „inneren Kind“ hast, dann mache dir genau diesen Punkt bewusst, denn er basiert auf psychologischer

Ebene und ist nichts „Abgehobenes“ oder „Unverständliches“. Lies dir die folgenden Techniken in Ruhe durch und überlege einmal, welche davon dir am meisten zusagen. Du kannst sie gerne auch markieren. Probiere zuerst diese Methoden aus, versuche aber nach und nach gerne auch, die Methoden auszuweiten, damit du eine Vielfalt hast, die du immer wieder abrufen und variieren kannst.

1. Was hast du als Kind eigentlich gerne gemacht? Oft verlieren wir in unserem arbeitsreichen Alltag das aus den Augen, was uns eigentlich schon immer Spaß gemacht hat. Dieser Spaß an bestimmten Sachen geht in der Regel nicht einfach verloren. Wir neigen nur dazu, unsere Bedürfnisse zu vernachlässigen, weil wir das so gelernt haben. Versuche dich mehr mit deinem inneren Kind zu verbinden, indem du wieder Dinge tust, die dir als Kind Spaß gemacht haben. Hast du als Kind schon gerne gemalt? Um dich ein wenig selber dazu zu „nötigen,“ es auch regelmäßig durchzuführen, buche doch einen Malkurs, von dem du profitierst. Auf diesem Weg bildest du dich zum einen weiter, erlebst einen neuen Ausgleich zu deinem Alltag und schaffst nebenbei eine Verbindung zu deinen kindlichen Interessen. Du tust dir damit etwas Gutes, gerade weil du weißt, dass du das schon immer gerne mochtest.

Falls du Schwierigkeiten haben solltest, dich zu erinnern, was du wirklich gerne mochtest, dann helfen Gespräche mit Verwandten und Freunden aus Kinderzeiten oder Kindheitsfotos von dir.

2. Dein Unterbewusstsein hat in vielen Jahren erlernt, dass du deinen kindlichen Erinnerungen und Erfahrungen

nur wenig Beachtung schenkst. Dadurch baut sich automatisch ein Frust auf, denn du verleugnest ja einen wichtigen und großen Teil deines Lebens. Aus diesem Grund ist es wichtig, dass du dich ab jetzt regelmäßig mit deinen Kindheitserlebnissen beschäftigst, ihnen auf den Grund gehst und sie in Bezug zu deinem heutigen Leben setzt. Das könnte dir zuerst möglicherweise etwas schwerfallen, da du sowohl den Zugriff auf Vergangenes neu erlernen als auch weiterhin Möglichkeiten kennenlernen musst, wie du dich mit deinem inneren Kind beschäftigen kannst. Hierbei können dir ausformulierte Sätze helfen, die du sprichst. Sprich damit zu dir wie zu einer realen Person. Du könntest zum Beispiel sagen: „Du bist ein prima Kind!“ oder „Ich kann dich jetzt besser verstehen und möchte mehr Zeit mit dir verbringen.“ Auf diese Weise öffnest du dich sehr viel leichter und dir stehen mehr Möglichkeiten zur Verfügung, in allen Facetten zu dir zurück zu finden.

3. Ist dir schon einmal aufgefallen, dass du manchmal dazu neigst, deinen Körper zu streicheln? In diesem Fall ist keine sexuelle Erfahrung gemeint, sondern einfach der sensorische Reiz, den das Streicheln über deine Haut auslöst. Vielleicht streichst du manchmal gedankenverloren über deine Wange oder beginnst, mit den Fingernägeln sanft über deine Oberarme oder Beine zu streichen. Möglicherweise führst du auch eine dich-selbst-umarmende Bewegung durch – gerade, wenn wir frieren oder es uns emotional sehr schlecht geht, neigen wir zu solchen Körperlichkeiten uns selbst gegenüber. Das hat zum einen den Zweck, uns das Gefühl zu vermitteln, dass wir gehalten

und geliebt sind, und zum anderen, uns selber nicht zu verlieren. Eine solche umarmende Bewegung oder ein Streichen über die Haut kann dich ebenfalls unterstützen, wenn du mit deinen Kindheitsgefühlen und -erinnerungen umgehst. Sage dir doch selber einmal, dass das Kind in dir seine Berechtigung hat, dass es schön ist, dass es da ist, und streiche dabei über deine Haut. Du wirst merken, dass dir dieser Prozess – nach möglicher anfänglicher Ungewohnheit – sehr guttun wird, da du den unterbewussten Teil in dir, der ja schon immer da war, mehr anerkennst.

4. Eine weitere mögliche Kontaktaufnahme zu deinem kindlichen Selbst ist der Schreibprozess. Alles, was wir niederschreiben, brennt sich deutlich tiefer in unser Gehirn ein. Schreibe doch einmal einen Brief an dich selber, wie du als Kind warst. Du selber weißt am besten, was dir als Kind gefehlt hat und was richtig und gut war. Schreibe das nieder, allerdings nicht wie eine Liste, sondern wie einen tatsächlichen, an ein Kind gerichteten Brief. Formuliere zum Beispiel: „Ich weiß, dass du damals gerne … gehabt hättest. Wenn ich gekonnt hätte, hätte ich dir das gegeben.

Es ist schön, dich zu haben, weil du ein wichtiger und wertvoller Teil meines Lebens bist …“ Auch hier verknüpfst du wieder ganz gezielt dein heutiges Ich mit den Erfahrungen und Gefühlen, die du als Kind gemacht hast, und wirst wieder mehr eins mit dir selber!

**Tipp:** Wenn du in dem Brief Fragen an dein inneres Kind richtest, dann wird dein Unterbewusstsein sich gezielt auf die Suche nach Antworten machen (z. B.: Ich spüre bei

Misserfolgen immer wieder eine tiefe Wut in mir. Kommt das von dir? Hast du das so gelernt?). Auch dadurch wird dir einiges sehr viel klarer werden.

5. Werde wieder kindlicher! Wir haben in unserer heutigen Gesellschaft sehr früh gelernt, dass unser Leben einen bestimmten Zweck erfüllen sollte, sei es Geld verdienen, die Familie versorgen, Wohltätigkeitszwecke erfüllen etc. Einfach für uns leben zu dürfen, wurde uns in den meisten Fällen schon relativ früh „ausgetrieben." In Sätzen wie „Hör auf, in die Pfütze zu springen. Du wirst ja ganz schmutzig," oder „Mit der Schule beginnt der Ernst des Lebens," kämpft das natürliche kindliche Empfinden mit den Dingen, die wir früh erlernen mussten, um möglichst gut gesellschaftlich zu funktionieren. Aus diesem Grund eignen wir alle uns im Erwachsenenalter bestimmte Dinge an, die erfolgreich waren und damit auch bleiben.

Das, was wir wirklich möchten, beginnen wir dann zu unterdrücken. Wann hattest du das letzte Mal einen Wunsch, etwas zu tun, was du dann doch über Bord geworfen hast, einfach, weil es keinen Sinn ergeben hätte? Versteh mich nicht falsch, ich meine nicht so etwas wie, morgens liegenzubleiben und die Arbeit zu schwänzen, eher etwas wie nach der Arbeit ein paar Schritte im Regen zu gehen und „I'm singing in the rain" zu singen. Einen Freund, Nachbarn oder Verwandten im Sommer mit dem Gartenschlauch nasszumachen (Vorsicht! Der erste Wasserschwung ist meistens heiß!). An der ersten Frühlingsblume, die du siehst, zu riechen oder die Samen der Pusteblume wegzupusten. Die Augen zu schließen und dir etwas zu wünschen, wenn du eine Wimper weggepustet hast oder wenn du gesehen hast, wie ein Regenbogen entstanden ist. Die Musik in deiner Wohnung (außerhalb der Ruhezeiten) aufzudrehen und wild zu tanzen. Lass dich mehr von deinem inneren Kind leiten! Wenn du Impulsivität verspürst und sie niemandem schadet, dann lebe sie endlich wieder aus! Du wirst merken, wie viel freier und ausgeglichener du dich fühlen wirst, wenn du merkst, dass du das Recht darauf hast, einfach mal albern und blöd zu sein – aus purer Freude!

6. Um wieder achtsamer dir selber gegenüber zu werden, nimm das Tempo heraus. Lass dich nicht ständig durch Unnötiges ablenken, sondern gönne dir einfach mal Zeit für dich und deine Gedanken. Anstatt fernzusehen oder auf dem Smartphone zu lesen, schalte dir doch abends einfach mal ganz leise Hintergrundmusik ein und lass dir den Tag noch einmal durch deinen Kopf gehen. Frage dich ganz gezielt, was du heute eigentlich getan hast, was dir und deinem kindlichen Bedürfnis gutgetan hat und dich damit wieder mehr mit dir selber verbunden hat. Stell dir vor, was du noch hättest tun können, um deine kindliche Neugierde und deine Bedürfnisse zu stillen. Versuche wieder vermehrt wahrzunehmen, was eigentlich wirklich schön gewesen ist, und beziehe dabei bewusst kindliche Bedürfnisse mit ein. Auf diesem Weg wirst du nach und nach mehr erlernen, diese Bedürfnisse auch im Alltag wieder zu spüren und ihnen damit besser nachgehen können.

**Tipp:** Wenn du in Meditation gut geübt bist, dann ist eine angeleitete Meditation eine hervorragende Möglichkeit, um mit deinem inneren Kind in Kontakt zu treten. Durch die Führung, die in deinem Unterbewusstsein stattfindet, hast du die Chance, dich sehr intensiv zu öffnen, denn während einer Meditation kannst du sehr viel besser auf unterbewusst Verankertes zugreifen, wie du sicher weißt. Für Laien ist eine solche Übung jedoch noch zu groß. Du solltest bereits Erfahrungen im Bereich Meditation gesammelt haben, um deine Gedanken nicht selbstständig zu leiten, sondern vielmehr geleitet zu werden. Wenn dich das Thema interessiert, dann informiere dich gerne im Internet oder in Fachbüchern zum Thema „Meditation für Anfänger." Das ist sowieso in jedem Fall sinnvoll, weil Meditation eine enorme Ausgewogenheit in dir schafft, von der du in deinem Alltag zehren kannst. Auch und gerade Meditationslehrer können dir ungemein helfen, schnell und effektiv voranzukommen.

Und wenn du bereits geübt bist, lass dich entweder von deinem Lehrer bezüglich deines inneren Kindes anleiten oder – falls du sehr weit fortgeschritten bist – geh allein auf die Suche nach deinem inneren Kind. Dadurch hast du die ganz konkrete Möglichkeit, es selbst nach seinen Befindlichkeiten zu fragen und danach, was ihm guttun würde. Auf diesem Weg verbindest du dein jetziges Ich ganz gezielt mit dem Kind in dir und ihr könnt gemeinsam nach akzeptablen Lösungen suchen.

# MEINE ERKENNTNISSE DES KAPITELS „MEIN INNERES KIND“:

# Meine eigenen Werte definieren

Einen wichtigen Teil deines eigenen Selbst bilden die Werte, die du im Laufe deines bisherigen Lebens entwickelt hast. Es gibt Werte, die jeder von uns in unterschiedlichem Maß entwickelt. Sie sind ein riesiger Teil von dir, da du dich zum großen Teil über sie definierst. Du wirst dein Leben völlig anders führen, wenn deine Werte sehr stark religiös geprägt sind, als wenn du atheistische Werte erlernt hast. Mit deinen Werten in der Summe nimmst du eine Grundhaltung ein, die du auch nach außen hin vermittelst. Um dich besser kennenzulernen, ist es ein guter und hilfreicher Schritt, wenn du einmal schaust, welche Werte überhaupt diejenigen sind, die dich in deinem Alltag am meisten ausmachen. Sind dir soziale Werte so wichtig, dass du grundsätzlich zurückstecken würdest, damit andere Menschen bessere Chancen haben? Oder sind deine Werte doch eher basiert auf dem Streben voranzukommen, weshalb du dich und deine Interessen auch mal vor andere stellst? Lass mich an dieser Stelle erwähnen, dass alle Werte ihre Berechtigung haben, solange sie nicht forsch und rücksichtslos „durchgeprügelt“ werden. Eine gesunde Balance zwischen Werten eigener Interessen und Werten, die wir zum Leben in der Gesellschaft benötigen, ist immer hilfreich! Im ersten Schritt solltest du also erkennen, über welche Werte du dich eigentlich definierst. Dann solltest du deinen Blick darauf richten, ob sie eigentlich wirklich in dir liegen und ob du sie wirklich in deinem Leben haben möchtest oder ob sie dir im Alltag antrainiert wurden und eigentlich gar nicht deinem Wesen entsprechen. Solche solltest du nämlich schnell verbannen.

## WAS IST EIN WERT UND WIE FINDE ICH HERAUS, WELCHE WERTE DIE LEITLINIEN MEINES LEBENS SIND?

Ein Wert ist grundsätzlich eine Leitlinie, nach der ich in meinem Leben handle. Meine Entscheidungen basieren auf den darunterliegenden Werten, die in mir verankert sind. Ein einfaches Beispiel zur Verdeutlichung: Wenn ich eine Situation beobachte, in der ein Dritter möglicherweise gefährdet sein könnte, dann kommt der Wert der Zivilcourage ins Spiel. Reagiere ich NICHT, dann ist dieser für mich von keiner vordergründigen Wichtigkeit. Greife ich jedoch ein, dann ist offensichtlich, dass Zivilcourage und die darunterliegende Solidarität mitsamt dem sozialen Gefüge für mich von Bedeutung ist. Um dich selber besser kennenzulernen, solltest du dir klar darüber werden, welche Werte du überhaupt in dir trägst. Weiterhin ist es gut, wenn du überprüfst, ob sie für dich in deinem Alltag überhaupt wirklich von Bedeutung sind oder ob sie dich möglicherweise auch manchmal hemmen. Daraufhin kannst du ein Ranking erstellen, nach welchen Werten du eigentlich vorzugsweise gerne leben möchtest. Werte wurden dir ursprünglich in der Erziehung durch deine Eltern und Geschwister vermittelt, weiterhin von der Gesellschaft und im Erziehungssystem wie Kindergarten oder Schule. Sie etablieren sich in dir, indem du die Konsequenzen spürst. Handelst du nach einem gesellschaftlich erstrebenswerten Wert, wirst du das positiv zurückgemeldet bekommen. Und andersherum wirst du Ablehnung, Spott oder Nichtachtung erleben, wenn du solchen Werten nicht entsprichst. Trotzdem bleibt immer die Frage danach, was du eigentlich wirklich möchtest. Zum einen geht es um gesellschaftlich anerkannte Werte, die deiner Einstellung möglicherweise jedoch gar nicht entsprechen.

Nehmen wir einmal das Beispiel völlig von der Gesellschaft abgesondert lebender Menschen, außerhalb sämtlicher Zivilität ohne Strom und mit vollständiger Eigenversorgung. Natürlich ist das ein Extrembeispiel, es zeigt dennoch auf, dass es die Möglichkeit gibt, komplett auf gesellschaftlich anerkannte Werte zu verzichten und nach eigenen Vorstellungen zu leben. Dahin möchte ich dich gar nicht bringen. Trotzdem befindest du dich mit diesem Buch auf der Suche nach dir selbst und dazu gehört eben auch, gegen den Strom zu schwimmen und bewusst daran zu arbeiten, mit der daraus folgenden Kritik zu leben. Ich ziehe ein weiteres Beispiel heran, das weit weniger extrem ist als das vorangegangene und somit vermutlich deutlich näher an dir dran. Wie reagieren die Menschen auf Andersartigkeit in jeglicher Form? Hast du schon einmal das Wort „Ökofuzzi“ gehört? Wenn ein Mensch daran interessiert ist, der Erde etwas

Gutes zu tun, vegan lebt, auf Autos verzichtet, ebenso wie auf chemisch zusammengesetzte Deodorants, wenn er Kleidung trägt, die fair produziert wurde und keine Chemie enthält, dann ist das doch etwas sehr Positives! Trotzdem heult er mit diesem Lebensstil keineswegs mit der Meute, sondern sondert sich in seinen Werten von einem Großteil der westlich orientierten Welt ab. Er bekommt unmittelbar die Rückmeldung, ein „Ökufuzzi" zu sein (ich möchte an dieser Stelle herausstellen, dass das keineswegs meine Einstellung widerspiegelt. Ich musste nur leider mehrfach mit ansehen, wie andere Menschen diese Abwertung erlebt haben, und bin nach wie vor frustriert darüber, wie Menschen ausgegrenzt werden, die keine „allgemeingültigen" Werte anstreben und verfolgen). Jetzt stellt sich natürlich die Frage, warum es so wichtig ist, dass du deine eigenen Werte besser kennenlernst. Zum einen hilft dir das dabei, einen Eindruck davon zu gewinnen, was dir bevorstehen könnte – gerade, wenn deine Einstellungen nicht den allgemeingültigen Werten entsprechen.

Weiterhin hilft es dir, wichtige Entscheidungen zu treffen. Wenn du deine Werte sehr gut kennst, dann ist die Entscheidung meistens schon getroffen, bevor du bewusst darüber nachdenken musstest. Eben, weil du genau weißt, was du eigentlich möchtest und was nicht. Die Erfüllung deiner – von dir bestimmten – Werte wird dich glücklich machen! Denn je mehr Werte wirklich aus deinem Inneren heraus entstehen und nicht von außen geleitet sind, desto mehr entsprechen sie deiner eigenen Einstellung. Wenn du sie dann erfüllst, dann bist du sehr nah an dir selber dran. Außerdem kannst du die Ziele deines Lebens sehr viel besser definieren. Wenn deine Werte zum Beispiel Priorität im Tierschutz finden, dann hast du die Möglichkeit, dich entsprechenden Organisationen anzuschließen und auch wirklich aktiv mitzuwirken. Schwimmst du jedoch in der Vorstellung deiner Werte oder kollidieren die von außen vermittelten Werte mit deinen eigenen, dann wird es schwierig. Am selben Beispiel beschrieben, wirst du nur wenig Zeit für Tierschutz finden, wenn das mit dem vermittelten Wert kollidiert, möglichst schnell möglichst erfolgreich zu sein. Und als letzter Punkt, der die gesamten Aspekte miteinander vereint, steht die oft hinterfragte Suche nach dem Sinn des Lebens. Diese Floskel hat wohl jeder schon einmal gehört, der über das Teenageralter hinaus ist. Sie trifft es jedoch auf den Punkt. Wenn wir unsere Werte und Ziele nicht definieren und vielmehr „im Gleichschritt neben der Gesellschaft hermarschieren," dann ist das alles andere als erfüllend. Aus diesem Grund gebe ich dir jetzt als erstes eine Möglichkeit an die Hand, deine eigenen Werte zu definieren und eine Prioritätenreihenfolge zu erarbeiten.

**Welche Werte wünsche ich mir in meinem Leben?**

Natürlich könnte ich an dieser Stelle eine Liste verschiedener Werte zusammenstellen, aus denen du auswählen könntest, welche zu dir passen. Das wäre eine zügige Möglichkeit, wie du einen ungefähren Überblick bekommen könntest. Die Schwierigkeit liegt jedoch in der unendlichen Vielfalt an Werten, die es gibt. Wenn du im Internet nach einer Übersicht an Werten suchst, erhältst du sofort eine ausgefeilte Liste an sehr allgemeingültigen Werten. Aber genau das ist es ja, was du nicht brauchst: Allgemeingültigkeit. Es geht darum, deine absolut individuellen Werte zu finden, auch, wenn sie den gesellschaftlichen Werten vielleicht nicht entsprechen. Such im Folgenden wirklich nach dem, was zu deiner Einstellung passt. Konzentriere dich dabei bitte nicht nur auf das, was gesellschaftlich nicht anerkannt ist, aber vernachlässige solche Werte eben auch nicht. Aus genau diesem Grund gebe ich dir den weitaus aufwändigeren, aber dafür individuelleren Weg an die Hand, wie du an deine Werte herankommst. Am Ende sollten es mindestens zehn Werte sein, die dich ausmachen, und es sollten nicht nur diejenigen Werte sein, die du aktuell lebst, sondern auch diejenigen, die du anstrebst. Nimm dir für diese Methode als Einstieg einen Schmierzettel. Schreibe nun alle Werte auf, die dir einfallen und nach denen du aktuell lebst, unabhängig davon, ob sie dir erstrebenswert scheinen oder nicht. Füge deiner Liste noch weitere Werte hinzu, die noch kein Teil deines Lebens sind, die du aber gerne leben würdest. Es können solche sein, die zu deinen Lebensbereichen „soziale Werte" gehören, „persönliche Werte," „gesundheitliche Werte" oder „berufliche Werte." Du darfst, um zum eigentlichen Wert zu kommen, auch gerne erst einmal einen Satz formulieren: „Mir ist wichtig, dass ich vertrauenswürdig bin." Danach fragst du dich, was dich vertrauenswürdig macht. Das könnte in diesem Fall Ehrlichkeit sein oder Zuverlässigkeit – je nachdem, was zu deiner Einstellung passt – und diese beiden Dinge sind dann die konkreten Werte, die du auf deine Liste schreibst. Solltest du trotz dieser Herangehensweise große Probleme damit haben, Werte zu finden, die zu dir passen, dann spring einmal zum Ende des Kapitels. Direkt vor der Liste, die du sehen wirst, erhältst du eine Möglichkeit, wie du dennoch deine eigene Liste erstellen kannst.

Wenn du eine unsortierte Liste erstellt hast, prüfe nach, was dir persönlich ganz besonders wichtig ist – unabhängig davon, ob es aktuell zu deinem Leben passt oder eben nicht. Such dir mindestens zehn Werte heraus und kreise diese ein. Nun beginnst du, deine Liste zu sortieren. Als erstes sortierst du nach der Wichtigkeit der Werte für dich ganz persönlich. Nummeriere die zehn eingekreisten Werte danach, wie du die Prioritäten setzt. Denke dabei bitte unbedingt daran, dass du das hier für dich selber tust. Wenn du jemand bist, der materielle Werte über soziale Werte setzt, dann bist du niemandem Rechenschaft dafür schuldig. Sei also unbedingt ehrlich, denn sonst bringt dir diese Übung nichts. Wenn du deine Liste sortiert hast, dann wirf einen Blick darauf, ob du diese Werte bereits in deinem Alltag integriert hast oder bisher „nur“ anstrebst. Wenn du die Schmierliste fertig erstellt hast, bringe sie im Kapitel „Meine Erkenntnisse des Kapitels ‚Meine eigenen Werte definieren‘“ tabellarisch ins Reine (eine beispielhafte Möglichkeit hierzu findest du am Ende dieses Kapitels. Lies also gerne erst einmal weiter, wenn du dir nicht sicher bist, wie die Liste/Tabelle aussehen könnte).

Wenn du herausfinden möchtest, an welchem Lebensbereich du deine Werte hauptsächlich orientierst, füg gerne noch eine weitere Spalte hinzu, in der du sie aufgliederst. Hinweis: Behalte bitte unbedingt deinen Schmierzettel. Er wird im weiteren Verlauf noch benötigt.

Am Anfang dieses Kapitels habe ich dich darauf hingewiesen, dass es sinnvoll ist, wenn du ganz allein auf deine Werte kommst, und an diesem Punkt halte ich auch nach wie vor fest. Dennoch fällt es manchen Menschen schwerer als anderen, eigene Werte zu erkennen und herauszuarbeiten. Aus diesem Grund erhältst du im Folgenden eine Hilfestellung. Zum einen habe ich dir eine beispielhafte Liste mit zehn Werten zusammengestellt, wie sie vollendet und sortiert in deinen Notizen stehen könnte. Du kannst sie gerne als Anhaltspunkt und Orientierung benutzen, NACHDEM du die zehn für dich relevantesten Werte herausgearbeitet und bereits sortiert hast. Diese Liste bietet dir somit nur eine Hilfestellung, wie du deine Notizen ins Reine bringen kannst.

Manchmal fällt es uns schwer, die Werte hinter den Lebensvorstellungen zu erkennen, die wir in uns tragen. Solltest du also bereits Probleme haben, Werte zu finden, und eine Orientierungshilfe benötigen, dann schau im Internet unter „Werte Enzyklopädie." Hier findest du eine umfangreiche Aufzählung an Werten mit den dazugehörigen Beschreibungen. Nutze sie aber bitte unbedingt nur dann, wenn du wirklich nach mehrmaligen Versuchen nicht zurechtkommst und dir einfach keine Werte einfallen wollen. Bedenke dabei immer das bereits Erwähnte, nämlich, dass deine Liste sehr viel individueller wird, wenn du ohne vorgegebene Anhaltspunkte arbeitest.

Aufgegliederte und sortierte beispielhafte Liste von Werten (bitte erst lesen, wenn du bereits diejenigen Werte herausgearbeitet hast, die du in deinem Leben hast/haben willst).

| **Werte, die ich lebe** | **Werte, die ich anstrebe** | **Lebensbereich** |
|---|---|---|
| 1. Gesundheit | | Gesundheitlicher Wert |
| | 2. Ehrlichkeit | Sozialer Wert |
| 3. Anerkennung | | Sozialer Wert |
| | 4. Abenteuer | Persönlicher Wert |
| 5. Religion/Glaube | | Persönlicher Wert |
| | 6. Mitgefühl mit anderen und mir selbst | Sozialer Wert/Persönlicher Wert |
| | 7. Leidenschaft | Sozialer Wert/ Persönlicher Wert |
| 8. Unbestechlichkeit | | Beruflicher Wert |
| 9. Würde | | Gesundheitlicher Wert/ Sozialer Wert |
| | 10. Gelassenheit | Persönlicher Wert |

# DIE WERTE LEBEN, DIE ICH WIRKLICH BEFÜRWORTE

**Wie verhalte ich mich bei unpassenden oder miteinander kollidierenden Werten?**

Mit deiner gut sortierten Liste hast du jetzt einen ersten Anhaltspunkt deiner favorisierten Werte, an dem du dich orientieren kannst. Wirf bitte noch einmal einen Blick auf deinen Schmierzettel. Hierauf solltest du ja zweierlei Dinge sammeln: Zum einen die Werte, die du bisher nicht in deinem Leben hattest, aber anstrebst, und zum anderen diejenigen, die du lebst, unabhängig davon, ob du sie überhaupt erstrebenswert findest oder nicht. Jetzt gilt es herauszufinden, welche von ihnen du aus deinem Leben löschen solltest. All jene Werte, die du vermittelt bekommen hast, aber gar nicht wirklich vertrittst, sind für dein weiteres Leben unnötig. Als Beispiel nehmen wir einmal an, deine Eltern haben dir den Wert der inneren Ruhe vermittelt. Das ist durchaus ein Wert, der uns sehr viel geben kann, durch den wir Kraft schöpfen können und von dem wir somit profitieren. Vielleicht entspricht das jedoch gar nicht dem Bild, das du aktuell von deinem Leben hast.

Möglicherweise bist du ein Mensch, der das Abenteuer sucht und gar nicht genug Eindrücke bekommen kann. In diesem Fall passt der Wert der inneren Ruhe im Moment nur noch bedingt zu dir. Finde solche Werte auf deinem Schmierzettel und streiche sie durch, sinnbildlich dafür, dass sie in deinem Leben nun erst einmal nichts mehr zu suchen haben. Wenn du in deinem Alltag Unstimmigkeiten bemerkst (die sicher vorher auch schon da waren, die du aber vielleicht nicht unbedingt zuordnen konntest), dann frage dich doch einmal, warum genau dir die folgende Handlung eigentlich zuwider ist. Könnte es daran liegen, dass du möglicherweise nach einem für dich nicht mehr relevanten Wert handeln würdest? Dann überlege dir doch einmal, wie du die Situation ändern kannst, um beides aneinander anzugleichen. Es ist wichtig zu erwähnen, dass sich mit Änderungen unseres Lebensalltags auch unsere Werte immer wieder ändern, wenn zum Beispiel ein innerfamiliärer oder sogar persönlicher Krankheitsfall auftritt, wenn du eine Familie gründest oder in eine neue Partnerschaft kommst.

All diese Faktoren beeinflussen ganz automatisch deine Wertvorstellungen. Es ist also immer wieder wichtig zu überprüfen, was sich verändert hat und wie du das, was du anstrebst, auf die neue Situation anpassen kannst. Verstehe mich bitte nicht falsch, du sollst jetzt nicht permanent in dich hineinhorchen, ob die Werte, die du bisher hattest, noch bestehen, denn das wäre übertrieben. Aber in der Regel merken wir sehr schnell, wenn wir Dinge tun, die so gar nicht zu uns passen. Stelle dir doch einmal vor, du wirst im Tierschutz sehr aktiv. Es wird sich von ganz alleine ergeben, dass du kein günstiges Fleisch (das sogenannte „Billigfleisch") mehr zu dir nimmst, da sich die damit einhergehenden Qualen, die Tiere erleiden müssen, nicht mit deinen Werten vereinbaren lassen. Oft gehen deine Wert- und Verhaltensänderungen somit bereits Hand in Hand. Lerne, mehr auf dich zu achten und für das einzustehen, was du für dich festgelegt hast.

Dabei musst du natürlich beachten, dass es – je nachdem, wie sich deine Werte den gesellschaftlichen Erwartungen anpassen – zu Kritik kommen könnte. Doch dieses Buch handelt davon, dass du wieder mehr zu dir selbst findest und das solltest du immer anstreben, auch wenn andere Menschen es möglicherweise anders sehen als du. Mit den drei anderen Eckpfeilern, die du entweder schon gelesen hast oder noch lesen wirst, bekommst du Möglichkeiten an die Hand, selbstbewusst und mit dir selbst im Reinen anderen gegenüberzutreten und deine Einstellung und Meinung zu vertreten. Um es an dieser Stelle einmal zusammenzufassen, geht es im Grunde genommen darum zu erkennen, was du abstellen möchtest, weil es nicht mehr zu dir passt, das, was du selber möchtest, mehr in deinem Leben zu integrieren und auch nach außen hin zu vertreten. Strebe immer danach, das zu erreichen, was dir persönlich wichtig ist, denn es ist dein Leben! Das bedeutet keineswegs, dass du rücksichtslos sein sollst – in den meisten Fällen lassen sich hervorragend Kompromisse finden, um einem möglichen Konfliktpartner nicht vor den Kopf zu stoßen. Aber dennoch sollte es immer Priorität haben, was du von deinem Leben erwartest und wie du es führen möchtest.

Jetzt gilt es nur noch, das letzte Hindernis zu überwinden. Was ist, wenn deine eigenen Werte miteinander kollidieren? Das ist die Frage, die wohl am schwersten zu beantworten ist. Wie entscheidest du dich, wenn du zum Beispiel gleichzeitig danach strebst, auf beruflicher Ebene aufzusteigen und voranzukommen, aber auch, eine Familie zu gründen? Oder was passiert, wenn du einen Lebensgefährten kennenlernst, der sehr weit weg wohnt, ihr aber beide sehr heimatverbunden seid und es für dich nur schwer auszuhalten wäre, wegzuziehen? Trennst du dich von deinem Partner, gehst du eine Fernbeziehung ein oder ist doch einer von euch beiden bereit, seinen Heimatort zu verlassen? Vor Fragen, in denen die eigenen Werte kollidieren, stehen wir im Laufe unseres Lebens immer wieder. Wie bereits erwähnt, verändern sich Werte in unserer gesamten Lebenszeit immer wieder und da kann es eben vorkommen, dass sie nicht mehr zueinander passen. In solchen Fällen musst du dir bewusst darüber werden, was du verlierst und was du gewinnst, wenn du dich auf die eine oder andere Art entscheidest. Im allerbesten Fall findest du sogar einen Kompromiss, aber das ist leider nicht immer möglich. Dann musst du gegeneinander abwägen, wovon du am ehesten profitieren würdest. Eine solche Entscheidung ist immer schwer und leider gibt es auch keine allgemeingültigen Tipps, wie du grundsätzlich auf die richtige Lösung kommst.

Ein Anhaltspunkt kann die allseits bekannte Pro- und Kontraliste sein, mit der du die unterschiedlichen Möglichkeiten gegeneinander abwägst. Hierfür schreibst du alle Argumente auf, die dir einfallen, die sowohl für als auch gegen die entsprechenden Entscheidungsmöglichkeiten sprechen. Dieser Prozess bildet jedoch lediglich die logische Ebene ab – Gefühle bleiben dabei meist außen vor.

Vielleicht kennst du das Gefühl, dass etwas auf logischer Ebene betrachtet völlig unsinnig ist, und dennoch hast du die entsprechende Entscheidung getroffen, weil du von deinen Gefühlen geleitet wurdest. Aus genau diesem Grund gilt es für dich immer abzuwägen, logische aber auch gefühlsbasierte Argumente mit einzubeziehen und dir Zeit zu lassen, falls Entscheidungen dein Leben nachhaltig verändern sollten. Eine weitere Technik, die einen Schritt weitergeht, ist die Methode, bei der du dir verschiedene Szenarien vor Augen führst, die sich aus den unterschiedlichen Entscheidungsmöglichkeiten ergeben. Ich mache das einmal an einem konkreten Beispiel fest, damit es deutlicher wird.

Nehmen wir einmal an, du hast ein gutes Jobangebot. Dein jetziger Job hat den Vorteil, dass er dir eine absolute Sicherheit bietet. Du kennst dein Umfeld sowie deine Aufgaben, hast dir ein Maß an Anerkennung erarbeitet und hast ein geregeltes Einkommen. Damit deckt er gleich mehrere Werte ab (z. B. Sicherheit und Anerkennung). Die neue Möglichkeit ist risikoreich. Du könntest gemeinsam mit einem Freund ein Unternehmen aufbauen, das deinen Interessen weitgehend entspricht. Hier fallen anfangs die Werte Sicherheit und Anerkennung vollständig weg, da du ja nicht wissen kannst, wie das Ganze ausgehen wird. An ihre Stelle treten Werte wie Abenteuerlust und Selbstvertrauen. Für diese Entscheidung kannst du dir ausmalen, was in beiden Fällen das Beste und das Schlimmste wäre, das passieren könnte. Hierbei hast du die Möglichkeit, deine Gefühlsebene mit einzubeziehen.

Möglichkeit 1
Meinen Job behalten

| bester Fall | schlimmster Fall |
|---|---|
| Ich drücke mein Selbstbild völlig in meinem bekannten Job aus und gelange in meiner Sicherheit zu einer inneren Zufriedenheit. | Meine eigentlichen Wünsche erfüllen sich nicht. Ich fühle mich fehl am Platz und leer und hadere mit mir, dass ich die Chance, den Job zu wechseln, verpasst habe. |

Möglichkeit 2
Ein eigenes Unternehmen gründen

bester Fall
Das Unternehmen ist erfolgreich. Ich verdiene mir Anerkennung und bin endlich vollständig erfüllt, weil ich das mache, was wirklich dem entspricht, was ich tun möchte und was mir einen neuen Lebenssinn gibt.

schlimmster Fall
Das Unternehmen floppt. Ich bin finanziell nicht mehr abgesichert, wodurch sich eine Unsicherheit ergibt. Weiterhin sinke ich durch diesen Misserfolg im Ansehen meines Umfeldes.

Auf diesem Weg umreißt du die Grenzen, die die Entscheidungsmöglichkeiten mit sich bringen. Wenn du sie betrachtest, wird dir vermutlich bereits klarer, für welchen der beiden Wege du dich entscheiden wirst.

**Extrawert: Freundschaft**

Ich habe im gesamten Kapitel keinen einzigen Wert gezielt hervorgehoben. Das hat den Grund, dass jeder in seinen individuellen Werten sehr unterschiedlich ist. Dennoch möchte ich dir als Abschluss des Kapitels einen wichtigen Wert näher beschreiben, da er dich gerade in dem Gefühl, dich selber mehr finden zu wollen, enorm weiterbringen kann. Dabei geht es um den Wert der Freundschaft. Sie zählt natürlich zu den sozialen Werten und bringt diverse untergliederte Werte mit sich (z. B. Vertrauen, Verantwortungsbewusstsein, Loyalität, Lebensfreude usw.). Betrachte einmal dein gesamtes soziales

Umfeld. Beziehe dabei so viele Menschen wie möglich mit ein. Es gibt zum Beispiel Familie, Freunde, Nachbarn, Arbeitskollegen, entfernte Bekannte usw. Wenn es dir hilft, schau dir auch einmal dein Telefonbuch an oder deine Facebook-Freunde, deine sogenannten Follower auf Instagram oder welche Plattformen du auch immer nutzen magst. Im Umgang mit jeder einzelnen Person schlüpfst du in eine andere Rolle. Bei deinen Eltern bist du das Kind und der Erzogene, bei deinem Kind der Elternteil und Erzieher. Bei deinem Chef bist du der „untergeordnete" Arbeitnehmer, bei deinen Arbeitskollegen der „Gleichgestellte" mit demselben Auftrag usw. An dein Rollenbild sind jeweils bestimmte Erwartungen geknüpft, die du erfüllen solltest. Dein Chef und deine Kollegen erwarten zum Beispiel das Erfüllen deines täglichen Arbeitspensums in deinem Beruf. Dein Kind erwartet, dass du für es da bist, es beschützt, erziehst, ihm den richtigen Weg zeigst und es liebst. So geht es immer weiter. Die einzigen Menschen, die wir erst im Laufe unserer Kindheit, Teenagerzeit oder im Erwachsenenalter kennengelernt haben und die in unserem Leben vorhanden sind, weil sie uns mit all unseren Stärken und Schwächen schätzen, sind unsere wahren und echten Freunde. An dieser Stelle gilt es noch einmal zu differenzieren: Ich meine eben nicht die losen Kontakte auf den sozialen Plattformen, die deine Bilder mit Lach- oder Herzsmileys kommentieren. Ich meine auch nicht diejenigen Personen, mit denen du dich häufig triffst, weil du genau weißt, dass sie sich von dir abwenden werden, wenn du den Kontakt mal schleifen lässt. Ich rede von den Personen, die du leider häufiger mal vernachlässigst, eben weil du ganz genau weißt, dass sie es dir verzeihen, weil sie dich mit deinem Lebensstil und deinen möglichen Macken verstehen. Es sind die Menschen, die es aushalten können, dich ein wenig länger zu vermissen, weil sie wissen, dass es das wert ist, auf dich zu warten – weil du ihnen wichtig bist! Bei einem wirklichen Freund hast du die größtmögliche Chance, dich zu zeigen, wie du bist, weil du weißt, dass er dich bereits kennt. Und damit spielt er (neben deiner Familie – je nachdem, welche Verbindung ihr zueinander habt) die größte Rolle in deinem Leben. Weißt du genau, wer aus deinen gesammelten Kontakten zu deinen wirklichen Freunden zählt? Falls dir ganz spontan niemand einfallen sollte, dann sei nicht besorgt. Entgegen der weit verbreiteten Einstellung, hunderte Freunde haben zu können, entwickelt sich eine tiefe, in Verbundenheit begründete Freundschaft über Jahre hinweg. Es ist demnach durchaus möglich, dass du aktuell niemanden als wirklich echten Freund bezeichnen kannst. Falls das der Fall sein sollte, dann bitte ich dich, folgenden Tipp anzunehmen. Es lohnt sich, nach dem Wert der echten Freundschaft zu streben! Auch wenn ich bis zu diesem Kapitel jegliche Hinweise und Tipps bezüglich deiner individuellen Werte vermieden habe, mache ich hier die einzige Ausnahme. Der Mensch ist und bleibt ein soziales Wesen. Dass jemand wirklich überhaupt keine Menschen um sich herum haben mag und am liebsten absolut isoliert lebt, ist äußerst selten. Wenn du nicht gerade zu dieser Ausnahmegruppe gehörst, dann kann dir nichts Besseres passieren als ein wahrer Freund. Er ist stolz genug auf dich, dich für Gelungenes zu loben, ehrlich genug, dich zu kritisieren, nachsichtig genug, deine Fehler zu verzeihen, und mitfühlend genug, dir zu helfen, wann immer es nötig ist. Anders herum traut er auch dir diese Eigenschaften zu! Bei deinem Freund zeigst du dich ohnehin am ehesten ohne Maske, darum nimm dir dein eigenes Verhalten zum Vorbild. Nimm dir mehr Zeit mit genau solchen Freunden, denn das ist doch das, was eigentlich zählt. Wenn jemand aus deinen loseren Kontakten damit nicht umgehen kann, dann lass ihn ziehen. Lerne zu verstehen, dass eine Freundschaft zwar gepflegt werden muss, dass sie aber nicht an übersteigerte Erwartungen geknüpft sein darf. Menschen, die dir vieles nachtragen und für die du dich aufopfern und verstellen musst, hindern dich daran, mehr zu dir selbst zu finden. Sie können in der Regel nur schwer mit Veränderungen umgehen, weil eure Beziehung auf Oberflächlichkeiten basiert. Versteh mich auch hier bitte nicht falsch. Lose Kontakte sind gut und wichtig, da sie frischen Wind in deinen Alltag bringen und dich neue Erfahrungen machen lassen, außerdem, weil Menschen in der Regel das Bedürfnis nach anderen Menschen haben. Unterscheide jedoch unbedingt, wann du dich in einem losen Kontakt befindest, der dir guttut, und wann du das Gefühl hast, dich verstellen und anpassen zu müssen, damit du deinem Gegenüber besser gefällst. Und ebensolche Kontakte solltest du in deiner Freizeit nicht zulassen. Auf der Arbeit oder im nachbarschaftlichen Umfeld wirst du diese Art Kontakte bereits zur Genüge haben.

Deine Freizeit jedoch kannst du nach völlig eigenen Maßstäben gestalten. Aus diesem Grund solltest du Menschen, die dich hemmen – in welcher Form auch immer – vollständig von deiner Kontaktliste streichen. Die gewonnene Zeit solltest du unbedingt lieber damit nutzen, die losen Kontakte zu pflegen, die dir guttun (vielleicht entsteht aus ihnen auch eine echte Freundschaft), und selbstverständlich für diejenigen Personen, die bereits deine echten Freunde sind. Pflege alle Verbindungen zu den Menschen, die du genießt! Denn auf diesem Wege bist du bereits einen ganz großen Schritt weiter darin, für das, was dir wirklich wichtig ist, einzutreten und zu kämpfen!

# MEINE ERKENNTNISSE DES KAPITELS „MEINE EIGENEN WERTE DEFINIEREN“:

# Der Abschluss – Fortsetzung folgt!

Du hast dieses Buch nun zu Ende gelesen und aktiv bearbeitet, jedoch keineswegs abgeschlossen. Die Fortsetzung liegt in deiner zukünftigen Sichtweise auf dich selber. Nimm dir dafür dieses Buch unbedingt immer wieder zur Hand, führe die Übungen durch, damit sie dich nachhaltig weiterbringen können, und sieh dir an, welche Aha-Erlebnisse du aus den Kapiteln ziehen konntest. Schau immer wieder auf deinen Anfang, um gezielt deine Erfolge wahrnehmen zu können, und denke immer an die vier Eckpfeiler, die dich weiterbringen werden!

1. „Mein inneres Kind“ – Mit der Frage, warum du eigentlich so bist, wie du bist, mit den Auslösern bezüglich deines jetzigen Selbst und der Möglichkeit, schwächende Elemente zu verändern.

2. „Selbstliebe“ – Im Hinblick auf deine eigenen Stärken und Schwächen und den Umgang mit ihnen, auf die Nachsichtigkeit, die du dir entgegenbringen musst, und die Erkenntnis, wie wertvoll du bist!

3. „Meine eigenen Werte definieren“ – Mit der Frage danach, was dir eigentlich wirklich wichtig ist und was du in deinem Leben haben möchtest, um klare Prioritäten zu setzen und deine Energien zu fokussieren.

4. „Authentizität“ – Abgestimmt darauf, wie du deine Bedürfnisse und Gefühle besser erkennst und wie du dein eigenes Ich am besten nach außen transportierst, um wirklich und wahrhaftig du selbst zu sein.

Mit diesen vier Eckpfeilern steht dir die Welt offen! Ohne Frage gehört Übung dazu. Du wirst nicht morgen in die Öffentlichkeit gehen und dich vollständig zeigen können. Aber du wirst Schritt für Schritt vorankommen und immer ein Stückchen mehr von dir selber entdecken. Du wirst stolzer auf dich sein können, wirst immer weniger das Gefühl haben, dich beweisen oder verstellen zu müssen, um anderen zu gefallen – ganz einfach, weil du weißt, was du kannst, und weil du dir wichtig genug sein wirst auszusprechen, wenn dir etwas ganz anderes wichtig ist.

Ich wünsche dir auf deinem zukünftigen Weg das Allerbeste! Und wenn du dich manchmal fragen solltest, wie du dich am besten verhalten solltest, dann mach dir noch einmal klar, was Oscar dir raten würde: „Sei du selbst, denn alle anderen gibt es schon!“

Zum Abschluss möchte ich dir noch ein Geschenk mitgeben. Nämlich eine MP3 mit positiven Affirmationen, eingesprochen und zur Verfügung gestellt von Bestsellerautor Michael Repkowsky. Höre dir gerne die Hörprobe an und lade dir dann die komplette MP3 kostenlos runter.

Diese MP3 eignet sich übrigens ideal, um innere Stärke aufzubauen. Höre sie dir gerne täglich, direkt nach dem Aufstehen an. So startest du entspannt, aufgetankt und achtsam in den Tag.

Lade dir dein Geschenk jetzt gleich runter, indem du folgende Internetadresse besuchst: **www.gesunder-geist.com**

**Viel Spaß beim Entspannen, bis bald!**

*Diese Bücher könnten dich auch interessieren:*

"Wie schafft man es, sich weniger Gedanken darüber zu machen, was andere über einen denken?"

Dieses Buch enthüllt Methoden **zur Steigerung der Bewusstheit** & verknüpft diese mit Ansätzen, welche Ihnen wieder ein **selbstbestimmtes Leben ohne Sorgen** ermöglichen soll.

Die Vergangenheit loszulassen, stellt
sich oftmals als schwierige Herausforderung dar.

Dennoch ist es hier, heute & jetzt
möglich - auch für dich!

Befreie dich von Schamgefühlen & lass bohrende
Schuldgefühle endlich los - und zwar dir zuliebe!

Energievampire sind meist negativ
denkende Menschen, die in der Lage sind,
uns **wertvolle Lebensenergie zu rauben.**

Selbst kurze Gespräche können mühsam für uns sein.

In diesem Buch findest du **effiziente Tipps, Anregungen & Ideen,** welche dir im **erfolgreichen Umgang mit Energievampiren helfen**.

Hochsensibilität ist **keine Schwäche**, die zu einer Stärke gemacht werden muss, **sondern eine Gabe**, die bereits kraftvoll genug ist.

Dieser Ansatz müsste sowohl hochsensiblen Kindern als auch Erwachsenen vor Augen geführt werden, damit sie sich selbst besser verstehen und sich nicht mehr kleiner machen, als sie sind.

Das kleine Buch für große Herzen richtet sich an Menschen, mit sensiblen Wahrnehmungskanälen. Menschen, die mehr spüren als andere. Menschen, die intensiver fühlen, weil sie mit ihrer Intuition tief verbunden sind, auch wenn sie das vielleicht gar nicht wissen.

Impressum:



Autor: Michael Repkowsky

Postfach: Stumpergasse 54/9a, 1060 Wien

E-Mail: gesundergeist@gmx.at

Printed in Germany
by Amazon Distribution
GmbH, Leipzig

18905164R00059